AF313402

SAINT OLAF

Roi de Norvège

MARTYR

(995 - 1030)

R. P. CÉLESTIN RIESTERER

MISSIONNAIRE APOSTOLIQUE

Saint Olaf

ROI DE NORVÈGE

MARTYR

(995 - 1030)

AVIGNON

MAISON AUBANEL PÈRE

IMPRIMEUR DE SA SAINTETÉ

—

1930

R. P. CÉLESTIN RIESTERER

MISSIONNAIRE APOSTOLIQUE

Saint Olaf

ROI DE NORVÈGE

MARTYR

(995 - 1030)

AVIGNON

MAISON AUBANEL PÈRE

IMPRIMEUR DE SA SAINTETÉ

1930

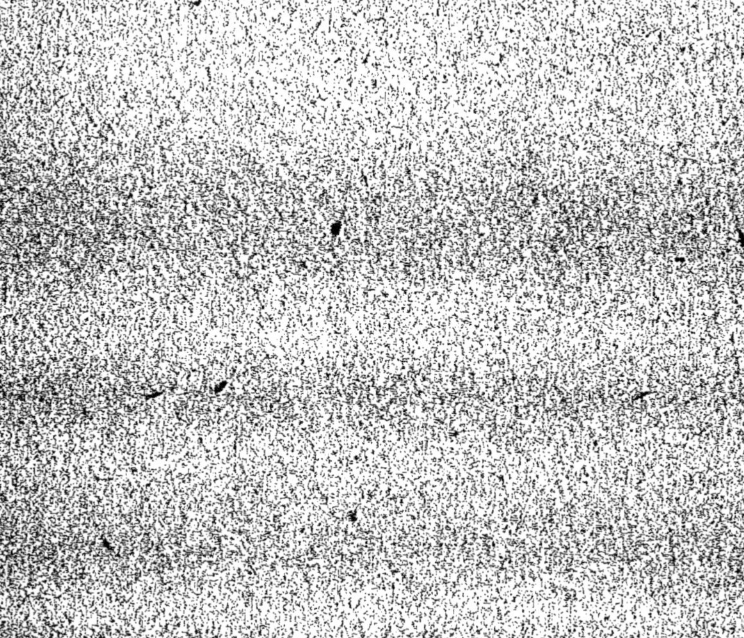

PRÉFACE

Chaque pays a eu son apôtre, envoyé par Dieu, un apôtre extraordinaire auquel il a été donné de remuer le peuple, de parler à sa conscience et à son intelligence et de le faire participer aux lumières rédemptrices de l'évangile.

La Norvège a eu le sien. Mais ce n'est pas un de ces saints formés aux règles sévères d'un cloître, initiés aux grandes vertus de la vie monastique et investis des pouvoirs apostoliques par le chef suprême de l'Eglise, que Dieu a choisi pour évangéliser le peuple de la Norvège et lui porter la foi au Christ, ainsi qu'il a fait pour le Danemark, la Suède, l'Angleterre, l'Irlande et la plupart des autres pays. C'est au contraire un guerrier formé aux armes, un fils de roi, né au milieu du peuple même qu'il avait la mission d'évangéliser, élevé lui aussi dans ses mœurs et coutumes, nourri et imbu de ses erreurs. Mais Dieu l'avait doué d'un caractère énergique, affable et souple, lui avait donné une âme et un

cœur ouverts, remplis de nobles aspirations,
aptes à recevoir et à s'assimiler les principes
des saintes doctrines de la révélation et la sève
féconde de la semence évangélique.

C'est dans le fracas des armes, dans ses aven-
tures de pirate que Dieu lui a fait voir la
lumière de sa révélation, lui a parlé au cœur,
lui a prodigué les bienfaits de sa grâce et l'a
guidé insensiblement, sans transition subite, vers
le Christianisme et vers la vocation d'apôtre.
Dieu lui donna une foi ardente, un zèle brûlant
pour sa gloire et le salut de son peuple, une
droiture d'esprit extraordinaire qui lui faisait
pour ainsi dire instinctivement aimer la vertu
et repousser le vice, une force de volonté capable
de l'entraîner et de l'élever jusqu'à l'héroïsme
de l'abnégation et du sacrifice. Si les paroles et
les expressions de Snorre Storlason sont exces-
sivement sobres et mesurées lorsque le récit des
actes et gestes de saint Olaf touche à ses mérites
et à ses vertus, elles sont d'autant plus prégnan-
tes et acquièrent un plus grand poids. Cette
retenue voulue dans la narration, par ailleurs
large, vivante et touffue, des faits et des événements, n'empêche pas de voir les traits saillants
d'une vertu forte et de haute envergure qui bril-
lent d'autant plus qu'ils sont plus rares dans le
récit. Il est permis d'en tirer les conclusions
qu'ils comportent. Des traits aussi remarquables,

quoique isolés dans le narré historique, ne peuvent être que les points culminants de la vie de
vertu habituelle qu'a menée saint Olaf. Cette
conclusion s'impose avec d'autant plus de force
que jamais saint Olaf ne prend de décisions ou
n'agit brusquement, irréfléchi, emporté, entraîné
par une impulsion ou un mouvement imprévu
quelconque. Avant d'agir il réfléchit, il discute
et pèse les motifs que lui fournissent les événements et les lois et surtout il prie et invoque les
lumières du ciel. Ce ne sont pas des considérations terrestres, des avantages personnels et
égoïstes qui le tentent ou lui dictent sa conduite.
Une fois qu'il a reconnu son devoir, il le remplit
sans faiblesse et sans crainte, comme si c'était
la chose la plus simple du monde. Chez lui
c'était une disposition d'esprit habituelle, forte
et profonde, de ne se laisser guider que par des
motifs étiques et religieux, par des sentiments de
justice et d'équité que les affections de l'âme les
plus imprévues et les plus subites ne pouvaient
troubler ou altérer. Si donc il a pratiqué
l'héroïsme dans quelques occasions, ce n'était
pas un jeu de hasard, mais la sincère conviction
de la foi et la pratique quotidienne de la vertu
qui lui en ont donné la force. C'est aussi dans
cette limpidité tranquille d'esprit créée et entre-
tenue par l'habitude de la vertu qu'il trouvait
la force de surmonter les répugnances que lui

inspiraient les malfaiteurs et de faire pencher son âme vers la clémence et le pardon visiblement touchée par les exemples de Notre-Seigneur et par les enseignements de l'Eglise.

Ces sentiments intimes, marquant constamment ses actes, révèlent le fond de son âme et sont comme la manifestation d'une vie profondément imprégnée de foi, de religion, de vénération pour les vérités éternelles et d'amour pour Jésus-Christ, un amour qu'il ne cessait de prêcher aux fidèles en leur expliquant les mystères, surtout le grand mystère d'amour, la sainte Eucharistie, qui leur faisait inventer la charmante expression de « Le Christ blanc ». Son âme ne semble vivre que de la foi. Libre de tout apprêt de vanité et de présomption, elle reste pénétrée de Dieu au sein de toutes les préoccupations et de toutes les vicissitudes et ne songe qu'à le servir, faire sa volonté et lui gagner les âmes.

Nous nous sommes attaché surtout à laisser parler les faits par eux-mêmes, par la vigueur de leur apparition dans le cadre qui les porte. Nous avons évité les longues considérations sur les perspectives qu'ils pouvaient ouvrir sur les profondeurs de la vie intérieure et intime de saint Olaf. Nous avons voulu laisser au lecteur lui-même le soin de faire les réflexions utiles et d'en tirer les conclusions. On peut l'envisager comme un défaut, nous ne voulons pas le nier. Mais nous estimons qu'on peut aussi le considérer comme un avantage. Le récit conserve mieux la limpidité de l'histoire et son caractère de forte et vivante originalité. Dans ce décor naturel et vivant dont les événements historiques ont eux-mêmes encadré la personne de saint Olaf, le saint paraît mieux ce qu'il est, comme le grand roi et le grand apôtre de la Norvège, mu et remué par la grâce de Dieu, aux prises avec la barbarie séculaire d'un peuple encore inculte, vivant de rapines, répandant la terreur aussi bien dans son propre pays que dans les pays environnants. On ne pourra manquer d'observer la mission particulièrement difficile que Dieu lui a confiée et qui nécessairement devait mettre son cachet sur son œuvre.

Le levain divin de l'Evangile déposé par Notre-Seigneur dans la masse humaine travaillait déjà depuis dix siècles l'humanité à travers l'Europe et le monde. Cependant la Norvège restait encore toujours intacte en dehors de son action mystérieuse. Enfin le temps de la miséricorde de Dieu était venu, il s'est souvenu de ce peuple dur et abrupt comme le rocher qu'il habite, mais doué aussi de belles qualités et de vertus naturelles qui tenaient toujours en échec les vices de la volonté et les dépravations de l'esprit.

Avant Olaf deux autres rois, Haakon, surnommé le bon, élevé et baptisé en Angleterre (936-961), et Olaf Trygvason (995-1000), avaient essayé de convertir la Norvège à la foi du Christ. Mais leurs efforts avaient eu peu de succès. Appelés et envoyés par Dieu eux aussi, ils n'ont pas été fidèles à leur vocation. Ils eurent même la faiblesse de céder aux menaces et de sacrifier aux idoles.

Cinq ans après la mort d'Olaf Trygvason, Olaf, notre saint, fils de Harald, poussé par l'esprit de Dieu, passionné pour le Christ dont il venait de recevoir le baptême à Rouen, aborde avec une petite flotte les côtes de la Norvège, bien décidé à conquérir le pays au Christ. Pour cela il affronte tous les dangers et tous les périls de mort. Jamais il ne cède aux menaces et jamais il ne capitule devant l'ennemi. En moins de quinze ans il a achevé son œuvre. Les autels des dieux sont renversés, les temples des idoles sont rasés, les bois sacrés détruits, le pays est parsemé d'églises dédiées au vrai Dieu, des prêtres catholiques célèbrent les offices divins, la parole de l'évangile est annoncée dans toute la Norvège, qui a courbé son front devant le Christ.

Cette conversion rapide de tout un peuple ne pouvait pas avoir la profondeur et la solidité que seules la pratique de la foi et la croissance dans la grâce devaient lui conférer avec le temps. L'œuvre était encore chancelante et les continuelles défections en révélaient la faiblesse extrême jusqu'au jour où saint Olaf fit le sacrifice de sa vie. Sa mort mit le sceau à son œuvre, le sang de son martyre, en abreuvant le sol, fortifia les faibles racines de la foi du peuple et lui communiqua tout à coup une stabilité inconnue auparavant, une force étonnante et féconde. Saint Olaf, apôtre pendant sa vie, le fut encore bien plus après sa mort. Depuis le jour qui a vu couler son sang, le peuple fut comme transformé subitement et confirmé dans sa foi au Christ. De toutes parts on vint au tombeau du martyr rendre grâces à Dieu et le glorifier pour les insignes bienfaits obtenus de lui par l'intermédiaire de saint Olaf. Chaque année, pendant plus de cinq siècles, les pèlerins affluèrent à Trondhjem et les chants de fêtes retentirent sous les voûtes sacrées de la magnifique cathédrale et autour de la fontaine miraculeuse, jusqu'à ce que la réforme vînt y mettre brusquement un terme.

Cependant saint Olaf n'a jamais été entièrement oublié. Aujourd'hui son souvenir commence à revivre. Une ère nouvelle semble se lever et préparer la résurrection de la foi de saint Olaf qui, autrefois, a fait la grandeur et la gloire de la Norvège.

Puisse le modeste travail que nous consacrons ici à la mémoire du glorieux saint martyr, à l'occasion du neuf centième anniversaire de sa mort, contribuer tant soit peu à en hâter le moment. Ce serait le comble de nos vœux et notre plus belle récompense.

Kristiansand (Norvège),
en la fête du Sacré-Cœur, 7 juin 1929.

CÉLESTIN RIESTERER,
Missionnaire apostolique.

SAINT OLAF

ROI DE NORVÈGE

MARTYR

(995 - 1030)

I

Enfance d'Olaf

Issu de sang royal, Olaf est né de parents païens dans le Télémark, au sud de la Norvège. Son père, un descendant en ligne directe de Harald Haarfagre, était roi de Grenland, d'où il reçut le surnom de Grenske. Aasta, sa mère, appartenait à une famille noble. Le père d'Olaf, ayant péri dans les flammes en Suède, victime des intrigues d'une femme, Aasta se réfugia auprès de son père, Gudbrand Kula. C'est là qu'elle mit au monde l'enfant posthume de Harald Grenske, vraisemblablement en 995. Aasta se maria dans la suite avec Sigurd Syr, roi de Ringerike. Une vieille tradition norvégienne veut savoir que trois ans plus tard Sigurd Syr fut converti au Christianisme avec sa famille par les soins d'Olaf Trygvason, que l'enfant reçut le baptême alors et qu'Olaf Trygvason le tint sur les fonts baptismaux. Il est cependant plus probable qu'Olaf acquit ses connaissances du Christianisme plus tard en Angleterre et en France et qu'il reçut le baptême à Rouen, comme nous le dirons plus loin. En

tout cas, c'est chez Sigurd Syr qu'Olaf fut
élevé et reçut son éducation. On ne voit nulle
part que cette éducation fût marquée d'aucune
empreinte chrétienne. Son entourage était aussi
en grande partie païen, adonné à l'idolâtrie,
honorant les aeser qui peuplaient l'olympe norvégien, où Thor remplissait les fonctions de
Jupiter. Les mœurs étaient évidemment en harmonie avec le culte, c'est ce que démontrent
assez l'histoire bien connue de ce temps et la
terreur qu'inspiraient les vikings sur toutes les
côtes de la mer du Nord et de l'Océan jusqu'en
Espagne. C'était un peuple encore barbare dans
toute l'acception du mot, qui vivait principalement de pillages et de rapines. L'éducation de
l'enfance et de la jeunesse se faisait principalement en vue de cette vie de brigand. L'éducation d'Olaf ne se distinguait pas de celle des
autres enfants et jeunes gens de son âge. Il
s'exerçait à tous les métiers qui devaient le
rendre habile à la guerre sur terre et sur mer.
On dit de lui qu'il avait l'ambition de vouloir
toujours être le premier en tout. Et de fait il
excellait dans tous les exercices militaires, et
partout il se montrait plus précoce et plus habile
que ses compagnons.

II

Les Qualités d'Olaf

Olaf manifestait de bonne heure les qualités
remarquables qui le distinguaient toute sa vie.
De taille moyenne et robuste, il avait l'esprit

ouvert et la parole facile. Les cheveux blonds, les yeux bleus, luisants de bonté et de charme, le regard vif et pénétrant, un naturel franc, hardi et aventureux, il bravait le danger et cherchait à se tirer d'affaire tout seul. C'est ce qui développa en lui le courage, l'intrépidité, la promptitude dans la décision et la volonté forte dont il fit si souvent preuve dans sa vie, mais aussi l'esprit d'indépendance et de domination qui animait tous les vikings et qui était surtout l'apanage des rois de ces temps-là.

Un trait de son enfance met en relief l'exubérance de l'esprit débordant de fierté et en même temps plein d'humour enfantin et la vivacité naturelle du jeune viking. Il n'avait encore que dix ans. Un jour, son père royal voulait faire une course à cheval, et n'ayant personne sous la main pour mettre la selle à son coursier, il dit à Olaf de le faire. Celui-ci, sans mot dire, alla prendre le plus grand bouc de l'étable et lui mit la selle. A la vue de cet équipage extraordinaire, le roi ne manifesta ni surprise ni colère, mais il eut comme une intuition subite : son beau-fils n'était pas fait pour la vie paisible de la campagne qu'il menait lui-même. Il lui fit une réprimande, mais elle avait plutôt le caractère d'une prophétie : « Toi et ta mère vous vous inquiétez fort peu de ce que je dis. Il est clair que tu nourris de plus grandes aspirations que moi. » Olaf s'éloigna en riant.

Les paroles de Sigurd Syr donnent aussi à entendre que la mère, Aasta, avait un grand ascendant sur son fils et que, loin de modérer ses ardeurs guerrières et ses désirs de gran-

deurs, elle l'y poussait au contraire et le soute-
nait de toute son influence. Nous aurons encore
plus d'une fois l'occasion de le constater.

III

Le Viking

A peine âgé de douze ans, Olaf était assez per-
fectionné dans le métier des armes et tous les
exercices militaires pour prendre part à des
expéditions navales sur les côtes du Danemark
et de la Suède. Aasta, sa mère, lui donna pour
guide le vieux et expérimenté viking Rane.
L'équipage donna au jeune Olaf le nom de roi
et à Rane celui de procureur du roi. Après avoir
pillé au Danemark il alla en Suède, qu'il mit à
contribution et ravagea par le fer et le feu pour
venger la mort de son père.

A partir de ce moment, et pendant près de
neuf ans, ce n'est qu'une suite ininterrompue de
combats et de pillages sur les côtes de la Suède,
de la Finlande, du Danemark, de la Hollande et
de l'Angleterre.

En Angleterre, Olaf se mit au service du roi
Ethelred, que les Danois avaient chassé de son
royaume. Olaf, avec ses Normands, prit une
large part à la bataille que les soldats d'Ethelred
livrèrent aux Danois au pont de Londres. C'est
lui qui, à l'aide de ses navires, parvint à briser
le pont en entraînant ses piliers et décida de la
victoire qui mit fin à la résistance des Danois.

Olaf resta pendant trois ans à la solde d'Ethelred et contribua puissamment à l'extension et à l'affermissement du royaume de ce roi par un grand nombre de victoires et de conquêtes, notamment par la prise de Cantorbery.

IV

La Conversion

En 1013, nous trouvons Olaf en Normandie, probablement appelé par le duc Richard à la défense de la Bretagne contre Eude de Chartres. En 1016, Ethelred mourut en Angleterre et ses deux fils lui succédèrent sur le trône. Olaf avait quitté Ethelred déjà en 1014, et était revenu en France, où il reprit ses expéditions de viking dans le Poitou et l'Aquitaine, le sud de la France et en Espagne. Il songea à passer le Gibraltar et à visiter Jérusalem. Mais pendant qu'il attendait le vent favorable il eut un songe remarquable qui changea ses plans et donna une nouvelle orientation à sa vie. Il lui semblait voir un homme d'un aspect terrifiant venir à lui et lui dire : « Ne va pas plus loin, retourne dans ton pays, tu seras roi de la Norvège pour toujours. » Quoiqu'il en soit de cette vision nocturne rapportée par le biographe de saint Olaf, Snorre Storlason, mais dont l'authenticité historique est difficile à établir, on peut considérer comme certain qu'Olaf obéissait à une inspiration du Ciel quand il se décida si brusquement à renoncer à son désir de voir Jéru-

salem et de retourner dans son pays pour le
conquérir et le christianiser. Cette résolution
subite marque le commencement de sa conversion et apparaît comme le premier mouvement
de la grâce dont la portée lui était encore cachée,
mais qui devait avoir les plus grandes conséquences, tant pour lui que pour toute la Norvège. Il semble avoir compris que son œuvre
devait être avant tout une œuvre chrétienne et
qu'il fallait retourner dans son pays non comme
païen, mais transformé par la grâce du Christianisme et en serviteur du Christ, qu'il avait
appris à connaître déjà, quoique très imparfaite-
ment, en Angleterre. Il résolut donc de compléter
ses connaissances et de se faire baptiser avant
son retour en Norvège. Dans ce but il se dirigea,
avec sa flotte, vers la Normandie, gouvernée par
le duc Richard, à Rouen, où il était sûr d'une
hospitalité cordiale.

En passant il pilla encore dans le Poitou, la
Bretagne, la Tourraine, et arriva à Rouen vers
la fin de 1014. Il y passa l'hiver.

Ce n'était pas dans les habitudes d'Olaf de
passer son temps avec tout son équipage dans
l'inactivité, ou de prolonger un séjour sans motif.
Il aimait le bruit des armes et le fracas des
batailles. Ce n'était pas non plus les douceurs
d'une hospitalité charmante qui l'avaient attiré
en Normandie. Du reste, les grands projets qu'il
avait conçus le pressaient de rentrer le plus
tôt possible en Norvège. Il semble donc clair
que le but de son séjour prolongé sur les bords
de la Seine était de se donner le temps nécessaire pour se préparer sérieusement au baptême

et à la confirmation et pour se familiariser avec
la doctrine et les pratiques de la religion catholique. Nulle part ailleurs il ne pouvait mieux se
faire instruire et voir la vie catholique en action
que dans la Normandie. Dans ses visites anté-
rieures, il avait déjà eu l'occasion de connaître
le pays et ses habitants et de les apprécier.
Après leur conversion, les Normands, sous la
conduite de leur chef Rollon, étaient devenus de
dociles et dévoués fils de l'Eglise. Leur loyauté
et leur probité étaient proverbiales. Olaf avait
une prédilection spéciale pour ces vertus chrétiennes et chevaleresques. Alexandre Bugge dit
expressément, dans son histoire de la Norvège,
que si Olaf a quitté le service du roi Ethelred,
c'est que la droiture de son esprit et la franchise
de son cœur ne pouvaient supporter la déloyauté
et les félonies qui régnaient à la cour. C'est
donc la vie chrétienne qu'Olaf avait observée
en Normandie qui lui a fait prendre la décision
d'y revenir pour se former aux coutumes et à
la foi de l'Eglise. D'autre part, dans la Normandie Olaf se sentait en famille non seulement par
la parenté du sang, mais surtout par la commu-
nauté de sentiments.

V

Olaf reçoit le Baptême
Sa Vie chrétienne

Olaf reçut le baptême de la main de l'archevêque de Rouen, Robert, frère du duc Richard II.
Un grand nombre de ses hommes suivirent son

exemple et se firent baptiser. La conversion d'Olaf et de ses vikings excita une grande joie à Rouen et en Normandie. Les desseins d'Olaf étaient sans doute connus et on prévoyait déjà les conséquences que ce baptême devait entraîner pour toute la Norvège. Les Normands, qui n'avaient pas oublié leur origine et qui aimaient leurs frères du Nord, ne pouvaient pas moins faire que de désirer ardemment leur conversion au Christianisme et la participation aux biens spirituels dont eux-mêmes avaient si bien profité. Ils se félicitaient déjà du bien immense qui devait résulter de la conversion d'Olaf pour la Norvège. Il est tout naturel que la joie publique, très légitime et très chrétienne, dont parle aussi Lars Eskeland dans son histoire de saint Olaf, a été manifestée assez hautement pour se faire remarquer et qu'on y a pris part des deux côtés, ce qui est à la fois conforme aux mœurs du temps et au sentiment chrétien. On peut par conséquent l'admettre sans qu'on se sente obligé d'en rechercher et vérifier les traces dans l'histoire contemporaine.

Vers ce temps les fils d'Ethelred, chassés de l'Angleterre par Knut, roi du Danemark, vinrent à Rouen chercher l'hospitalité auprès de leurs oncles du côté de la mère. Ils firent un pacte avec Olaf en lui promettant le Northumberland s'il voulait les aider à reconquérir leur pays. Au printemps suivant Olaf fit une expédition avec eux en Angleterre. Ils pillèrent le pays, mais il leur fut impossible d'ébranler la puissance des Danois, qui l'avaient entièrement subjugué. Les fils d'Ethelred retournèrent donc à

Rouen et Olaf fit voile vers la Norvège. Il n'avait avec lui que cent quarante hommes d'équipage sur deux bateaux, un certain nombre de prêtres et trois ou quatre évêques.

VI

L'Arrivée en Norvège
Le premier Succès

Après une traversée orageuse, Olaf atteignit l'île de Selje (Sæla, Selja), près de Stad, où il mit pied à terre. Cette première prise de possession de la Norvège lui parut de bon augure. Le nom de l'île signifie bonheur, et cette île était déjà sanctifiée par la vie et le martyre de sainte Sunniva et de ses compagnes. Il ne s'y arrêta cependant pas, mais reprit la mer pour longer la côte vers le sud. Bientôt il apprit la présence du jeune jarl Haakon, fils du puissant jarl Eirik et neveu de Knut, roi du Danemark, dans le Sognefjord, avec un bateau en route vers le nord. Olaf prit immédiatement la résolution de l'attaquer et de s'en rendre maître. Il alla l'attendre dans le Sauesund, où il plaça ses deux navires, un de chaque côté du détroit, avec un câble solide étendu entre eux. Bientôt Haakon arriva et passa au beau milieu du détroit, sans se douter de rien, comme Olaf l'avait prévu. Haakon étant arrivé bien en face, Olaf fit jouer les cabestans, le câble entre les deux bateaux se souleva, se tendit sous le bateau de Haakon et le renversa. Une partie de la flotte se sauva à la nage, d'autres se noyèrent, quelques-uns furent pris, entre autres aussi Haakon, qu'on amena devant Olaf. Haakon était un beau jeune homme et portait un bandeau d'or autour de ses cheveux noirs.

— « La renommée dit que vous êtes de beaux hommes, lui dit Olaf. Elle ne ment pas. Mais aujourd'hui c'est la fin de votre bonheur. »

— « Ce n'est pas un malheur qui nous arrive. Il y a longtemps que le destin règne ainsi et décide de la défaite tantôt pour l'un tantôt pour l'autre. Cela est arrivé aussi bien aux vôtres qu'aux nôtres : chacun remporte la victoire à son tour. Pour moi, je suis encore trop jeune et n'ai aucune expérience. Je ne m'attendais à aucune inimitié. Une autre fois j'aurai plus de chance. »

— « Ecoute, jarl ! Tu ne soupçonnes pas que le destin a mené les choses de telle façon qu'il ne t'a réservé ni victoire ni défaite à l'avenir ? »

— « C'est en votre pouvoir, roi ! »

— « Que feras-tu, si je te laisse partir sans te faire aucun mal ? »

— « Que demandez-vous ? »

— « Rien autre que la promesse de quitter le pays, d'abandonner ton royaume et de me jurer que tu ne combattras jamais contre moi. »

— « Je le promets et je le jure », répondit Haakon en se soumettant.

Olaf lui fit remettre son navire et les hommes qu'on avait pris, Haakon partit aussitôt pour l'Angleterre où il trouva Knut, son oncle maternel, qui le reçut à bras ouverts et lui donna une ample compensation pour ses pertes en Norvège.

VII

L'Entrevue d'Olaf avec son beau-père
Autres Succès

De son côté Olaf ne perdit pas de temps. Il longea la côte vers le sud, il eut des pourparlers avec les paysans dans de grandes assemblées pour les engager à se joindre à lui. Les uns lui promirent leur appui, les autres, fidèles et liés à Svein, qui régnait encore au nom du roi de Danemark, firent opposition. En face de cet état de choses, Olaf prit une résolution rapide. Il alla trouver son beau-père et sa mère à Viken. En route, beaucoup de ceux qui avaient connu son père et étaient restés ses amis, vinrent le saluer sur son passage et lui souhaiter la bienvenue.

A son arrivée, Olaf trouva son beau-père dans les champs au milieu de son monde occupé à la moisson.

Sa mère Aasta était restée dans le manoir avec quelques femmes, adonnée aux soins du ménage. La nouvelle de son arrivée avait devancé Olaf et quelques serviteurs en avaient averti Aasta, sa mère. Celle-ci, apprenant l'arrivée d'Olaf, s'empresse aussitôt à donner des ordres et à faire mettre la maison en état de recevoir dignement son fils. C'est toute une petite armée de serviteurs et de servantes qu'elle met en mouvement pour faire les préparatifs. Snorre en donne cette description pittoresque : Quatre femmes durent mettre les meubles et les ornements du salon ; deux hommes étendaient de la paille

sur le plancher; deux autres apportaient la table
destinée à servir à boire et le cuvier à bière;
deux autres dressaient la table à manger; deux
apportaient la nourriture; deux apportaient la
bière; deux furent envoyés par elle à la rencontre d'Olaf; tous les autres, femmes et hommes, en habits de fête, allaient l'attendre dans
la cour. Des coureurs allaient trouver le roi
Sigurd dans les champs, lui apporter ses habits
royaux et lui remettre son cheval portant une
selle d'or, la bride et le mors dorés et ornés de
pierreries. Elle envoya quatre hommes aux quatre coins du pays avec invitation aux nobles de
venir prendre part à la fête de bienvenue qu'elle
préparait à son fils. Ceux qui étaient présents
devaient mettre leurs plus beaux habits, et à
ceux qui n'en avaient pas elle en prêtait.

En recevant ces nouvelles, le roi Sigurd fut
bien surpris mais ne perdit pas son sang-froid
habituel. « Vous montrez beaucoup d'empressement, dit-il aux autres. Mais savez-vous que
ceux qui vont prendre part aux projets du roi
Olaf doivent, pour les soutenir, être prêts à
sacrifier leurs biens et leur vie? Il va s'attirer
la colère du roi du Danemark aussi bien que
celle du roi de la Suède, et c'est contre des forces bien supérieures qu'il entreprend la lutte. »

Sigurd se fit revêtir des habits royaux, renvoya les moissonneurs, prit avec lui trente hommes qu'il fit armer et monter à cheval, et avec
eux il fit une entrée royale et solennelle au
manoir, suivant les goûts et les désirs de la reine
Aasta. En entrant dans la cour, Sigurd aperçut
la bannière d'Olaf claquant au vent s'avancer du

côté opposé, à la tête de cent hommes bien armés avec le roi Olaf au milieu d'eux. Sans descendre de cheval, Sigurd salua son beau-fils, le roi Olaf et ses hommes, et les invita à sa table. Aasta s'avança, baisa son fils et le pria de demeurer chez elle, lui disant que tout était à sa disposition, le pays et le peuple, autant que cela était en son pouvoir. Olaf la remercia avec effusion. Elle le saisit par la main, le conduit au salon et le fait asseoir au trône. Le roi Sigurd prend place sur un autre trône et le festin se déroule splendide et cordial.

Quelques jours après Olaf convoque à une conférence son beau-père, le roi Sigurd, sa mère, la reine Aasta, et son éducateur Rane. Il leur tient ce discours : « Vous savez que je suis venu ici après un long séjour à l'étranger. Moi et mes hommes nous n'avions, pour subsister durant toutes ces longues années, que ce que nous avions conquis par la force de nos armes, et souvent il nous a fallu risquer et nos vies et nos âmes. Beaucoup de nos hommes bien innocents ont perdu leurs biens et même quelques-uns en même temps leur vie, tandis que des étrangers possèdent le pays qui appartenait à mes ancêtres et qui me revient par mon droit de naissance. Non contents de cela ils ont encore dépouillé les nôtres des biens qui ont toujours été leurs propriétés depuis Harald Haarfagre. A quelques-uns ils en laissent un peu, à d'autres rien du tout. Aujourd'hui je tiens à vous révéler ce qui depuis longtemps a fait l'objet de mes pensées et de mes ardents désirs : j'ai l'intention de réclamer l'héritage de mon père. Mais

je n'irai point prier ni le roi du Danemark ni le
roi de la Suède de me donner la moindre part
de ce qu'ils ont appelé, un temps, leur propriété,
mais qui est l'héritage de Harald Haarfagre.
Pour vous dire toute la vérité, mon intention est
plutôt de reconquérir à la pointe de l'épée l'héritage de mes pères et de demander leur concours
à tous mes parents et amis et à tous ceux qui
voudront se joindre à moi dans cette affaire.
Et le train que j'y mettrai sera tel qu'il n'y aura
que deux issues possibles : ou bien je me rendrai maître de tout le royaume qu'ils ont ravi
à mon aïeul le roi Olaf Trygvason tué par eux,
ou bien je tomberai ici sur les terres de mon
héritage légitime. Et maintenant, Sigurd, mon
beau-père, j'attends de toi, aussi bien que des
autres hommes du pays qui, de par leur naissance, d'après les lois de Harald Haarfagre, ont
des droits à la royauté, que vous ne refuserez
pas de vous soulever pour venger cette honte de
notre race et que vous mettrez tout en jeu pour
soutenir l'homme qui se met à la tête de son
redressement. Mais que vous montriez de la
virilité ou non dans cette entreprise, je connais
assez les dispositions du peuple pour savoir que
tous seront heureux de rejeter le joug de l'escla-
vage sous des chefs étrangers, aussitôt qu'ils
auront quelqu'un qui leur inspirera confiance.
Je n'ai parlé encore à personne de mon plan.
C'est à toi que j'ai voulu le confier le premier,
parce que je sais que tu es un homme prudent
et perspicace. Personne ne sait mieux que toi
comment il faut s'y prendre, s'il vaut mieux en
parler d'abord en secret à quelques hommes

choisis ou s'il faut tout de suite en parler publiquement au peuple dans une assemblée. Je leur
ai déjà en quelque sorte montré mes dents en
prenant Haakon, qui vient de quitter le pays
après m'avoir donné, sous la foi du serment, la
partie du royaume qui lui revenait. A présent je
pense qu'il sera plus facile d'avoir affaire avec
Svein jarl tout seul au lieu de deux qui auraient
défendu le pays. »

Le roi Sigurd lui répondit : « Ce ne sont pas
de petites choses qui préoccupent ton esprit, roi
Olaf. Le plan que tu viens de développer témoi-
gne, à mon avis, plutôt d'une démangeaison de
dominer que de prudence. Il n'y a pas de doute
qu'il existe une grande distance entre ma
modeste situation et la grande puissance à
laquelle tu aspires. A peine sorti de l'enfance,
tu étais déjà plein de rivalité et voulais être le
premier en tout. Aujourd'hui te voilà bien exercé
aux combats et tu t'es formé aux coutumes des
chefs d'armées étrangers. Je sais que ton ardeur
à réaliser tes projets est telle qu'il est inutile de
vouloir t'en dissuader. On ne peut pas s'étonner
non plus que des projets de ce genre ne remplissent d'enthousiasme le cœur de ceux qui
souffrent de la chute et de l'humiliation de toute
la dynastie de Harald Haarfagre. Cependant je
ne puis me lier par aucun engagement avant de
savoir ce que les autres rois des pays environnants pensent et décident. Mais tu as bien fait
de me communiquer ton plan avant d'en parler
publiquement au peuple. Je te promets mon
assistance auprès des rois aussi bien qu'auprès
des autres chefs et des paysans, et de même, roi

Olaf, mes biens seront mis au service de ta
cause. Cependant je veux que la communication
de ces projets ne soit faite au peuple que lorsque
je verrai si l'on peut avoir quelque espoir de
succès ou qu'on nous prête appui dans cette
grande entreprise. Car tu dois comprendre que
tu assumes une lourde charge en voulant attaquer Olaf, roi de la Suède, et Knut, qui est en
même temps roi de l'Angleterre et du Danemark,
et il faut susciter de forts appuis pour aller
contre eux avec quelque chance. Mais pas ne
me paraît invraisemblable que le peuple te prê-
tera volontiers son concours, car le peuple aime
le changement. C'est ainsi qu'il est arrivé quand
Olaf Trygvason s'est emparé du pouvoir dans
le pays. Tous en étaient contents et heureux,
cependant il n'a pas joui longtemps de sa
royauté. »

A ce moment c'est Aasta qui prend la parole :
« Je conviens, mon fils, que je suis heureuse et
fière de toi. Je me réjouirai encore davantage de
voir ta puissance établie sur tous, et dans ce but
je n'épargnerai rien de tout ce qui est en mon
pouvoir. Mais quel secours peut-il y avoir en
mes conseils ici ? Toutefois, s'il y avait à choisir, je préférerais te voir devenir roi sur tous les
autres rois de la Norvège, même si tu ne devais
en jouir plus longtemps qu'Olaf Trygvason, plutôt que de te voir végéter comme Sigurd Syr et
mourir de vieillesse. » — Quand elle eut parlé
la séance fut levée.

Après cette ouverture parlementaire, dans
laquelle se reflète avec beaucoup de clarté la
disposition d'esprit des personnages qui y ont

pris part, la mentalité du temps aussi bien que la situation générale du pays, tant au point de vue politique qu'au point de vue du partage des terres, on se mit à l'œuvre.

Sigurd convoqua les cinq ou six petits rois des environs et les pressa de soutenir les droits et les réclamations d'Olaf. Il y eut de chaudes discussions. Chacun pesa les avantages et les chances d'une lutte ouverte contre l'ordre des choses établi, et l'ère nouvelle que faisait présager Olaf avec le relèvement de la dynastie légitime et nationale des Harald Haarfagre. La plupart des rois présents finirent par se prononcer pour Olaf et se lièrent d'amitié avec lui. En revanche Olaf leur promit ses faveurs.

VIII

Olaf se fait proclamer Roi

Cette première assemblée fut suivie d'une autre convoquée pour les paysans. Olaf leur exposa ses projets et ses intentions de les délivrer du joug des étrangers. Aussi les rois étaient présents. L'un après l'autre parla en faveur d'Olaf et de sa cause. On finit par l'acclamer roi de tout le pays, conformément aux lois en vigueur.

Dès ce moment Olaf se considéra donc comme légitimement investi du pouvoir royal. Il entreprit un voyage à travers le pays et se fit servir les régals d'usage aux cours des rois subalternes. Des hommes se joignirent à lui et lui composèrent une suite imposante de trois cent soixante guerriers, le double de ce que les rois avaient coutume d'avoir avec eux dans ces sortes de voyages. Pour ne pas être trop à charge à ses hôtes sur la route, il presse le voyage et ne passe qu'une nuit auprès de chacun d'eux. Partout il est accueilli avec empressement et soumission. C'est ainsi qu'il arriva rapidement dans les provinces de Trondhjem.

La première résistance qu'il rencontra fut à Orkedalen et Guldalen.

A la nouvelle de son approche, les paysans coururent aux armes. A Orkedalen une armée de huit cents hommes vint à sa rencontre. Ils avaient cependant oublié de se donner un chef. Il leur fut donc difficile de s'entendre pour se ranger en bataille. Olaf, qui l'avait remarqué, leur fit savoir qu'il n'était pas venu pour leur faire la guerre, mais qu'ils pouvaient lui envoyer une députation de douze hommes choisis pour entendre ce qu'il avait à leur dire.

Olaf reçut la députation avec une aimable prévenance dans son camp, les loua hautement de leur prudence, leur expliqua comment Haakon, leur jarl, lui avait cédé tous ses droits sur les provinces de Trondhjem, leur présentant les témoins qui ont vu l'échange de poignées entre lui et Haakon et entendu les paroles, les serments et les engagements du jarl. Je vous apporte donc les lois et la paix que vous a données Olaf Trygvason. Après leur avoir parlé longuement et sagement, dit Snorre Sturlason, Olaf leur proposa deux choses : ou bien de se soumettre et de lui promettre obéissance, ou bien d'accepter la bataille.

La députation retourna dans son camp rapportant les propositions d'Olaf. Elles furent longuement discutées. Tous finirent par adopter le parti de la soumission qui leur paraissait le plus prudent et le plus avantageux. Le pacte de soumission fut confirmé par serment et célébré par des festins en l'honneur du nouveau roi.

IX

Olaf chasse le roi Svein de Trondhjem

Olaf fit l'acquisition de cinq ou six bateaux à vingt places, avec lesquels il se dirigea vers Trondhjem où régnait le jarl Svein, qui avait sa résidence à Stenkjær, sur les bords du fjord. L'apparition subite d'Olaf dans le fjord, pendant que Svein était en train de préparer de grands festins vers le temps de Noël, répandit la confusion dans la cour du jarl, qui prit la fuite en se repliant vers Trondhjem. Là il réunit à la hâte ses hommes et se prépara à la résistance. Olaf alla tranquillement à Stenkjær se saisir des provisions réunies en vue des fêtes et vint camper à Trondhjem, qu'il fit relever de ses ruines. Svein avait réussi à rassembler une armée de deux mille hommes avec laquelle il vint surprendre Olaf à Trondhjem. Pris à l'improviste, Olaf eut juste le temps de s'évader indemne avec son armée, ses bateaux et son équipement. Pendant que Svein reprit le butin et fit brûler la ville

Olaf retourna à Orkedalen, et de là, s'engageant
dans l'intérieur du pays, bravant les rigueurs de
l'hiver, il revint par la vallée du Gudsbrandsda-
len et le Télémarken à Viken. En route, il
parvint à former aussi une nombreuse armée,
qui fut encore complétée d'un effectif important
par Sigurd Syr, son beau-père. Les bateaux
nécessaires au transport de cette armée sont
fournis rapidement par les seigneurs, et bientôt
Olaf put sortir de Tönsberg avec une flotte impor-
tante avec laquelle il alla au devant de Svein.

Le 3 avril, dimanche des rameaux de l'an 1015,
après avoir assisté à la messe avec ses hommes,
Olaf fait donner l'ordre à ses bateaux de quitter le port. Bientôt il rencontre les forces navales de Svein. Le combat s'engage et le choc est
terrible. Longtemps le succès reste incertain.
Mais Svein perd tant d'hommes qu'à la fin il
a de la peine à dégager son bateau pour s'enfuir,
laissant Olaf maître de la place et d'un grand
butin. Svein quitte le pays et un grand nombre
de seigneurs qui avaient combattu pour lui se
rangent du côté d'Olaf. A Trondhjem, Olaf se
fait reconnaître roi sans opposition. Puis il fait
reconstruire à l'embouchure du Nid les maisons
délabrées ou brûlées par les ennemis; fait bâtir
la première église dédiée à saint Clément et
distribue des terrains à ceux qui veulent élever
leurs habitations en ces lieux. C'est ainsi qu'il
releva de ses ruines la ville de Trondhjem ou
Nidaros fondée par Olaf Trygvason, mais détruite
et abandonnée depuis.

Svein se réfugia à la cour du roi de Suède,
son parent, qui lui fit bon accueil et lui proposa

de choisir entre un royaume en Suède ou une armée pour reconquérir le pays qu'Olaf venait de lui ravir en Norvège. Svein choisit la seconde alternative. La mort vint le frapper l'année suivante au milieu des préparatifs de la revanche. Aussitôt que la nouvelle de la mort de Svein fut connue en Norvège, les seigneurs qui lui étaient restés fidèles se hâtèrent de se soumettre à Olaf. Le roi de Suède, dont Svein était tributaire, n'en conçut qu'un plus vif dépit, garda à Olaf une haine irréductible et jura de le détrôner aussitôt qu'il en aurait les moyens.

X

La Cour royale est établie à Trondhjem
La Vie et les Œuvres d'Olaf

Les contrées autour de la ville et sur les bords du fjord de Trondhjem sont fertiles, agréables, d'un climat relativement doux, les ports toujours accessibles, les eaux n'étant jamais prises par la glace, même au plus fort de l'hiver. Trondhjem est aussi situé au centre de la Norvège. La ville avait ainsi tous les avantages qui la désignaient comme le lieu le plus propre à la résidence du roi. Olaf y établit donc sa cour, s'entoura de soixante hommes de cour, de trente légats, d'un nombre considérable de serviteurs et d'esclaves, suivant les usages établis. Il avait aussi auprès de lui l'évêque Grimkel et des prêtres.

Olaf fit régner le plus bel ordre à la cour. Il donna lui-même l'exemple d'une vie active et régulière. Il se levait de bon matin et commençait sa journée par la prière en assistant aux matines et à la messe à l'église. Après il vaquait à ses offices royaux : il présida les assemblées, jugea les différends de ses sujets et donna audience à tous sans distinction, aux puissants comme aux faibles. Il se fit souvent lire les lois de Haakon Adelstenfostre, les changea au besoin après avoir entendu les avis de sages conseillers, en faisant entrer dans la législation le droit chrétien, suivant les conseils de l'évêque Grimkel et d'autres hommes de savoir. Il mit le plus grand soin à extirper le paganisme et les mœurs dépravées qu'il savait être opposées à l'esprit du Christianisme. Quand il eut bien préparé les lois qu'il voulait introduire, il les fit soumettre à l'approbation des grands seigneurs et des propriétaires du pays. C'est ainsi que ses lois devinrent le fondement du droit public norvégien qui encore de nos jours régit le pays.

XI

Le Caractère d'Olaf

Olaf était âgé de vingt-deux ans à son avènement au trône. Snorre Sturlason nous le dépeint sous les traits suivants : Olaf était de mœurs irréprochables, prudent, sobre de paroles, généreux mais avide de biens.

Dans son histoire de la Norvège, Alexandre Bugge nous fait savoir qu'on disait du bien et du mal d'Olaf, sans toutefois nous révéler la source de ces dires. Les uns savaient surtout qu'Olaf était orgueilleux et têtu, brutal et vindicatif, mesquin et avare de biens, emporté, fier et hautain. D'autres au contraire, qui semblent être mieux renseignés, nous le décrivent comme un homme tendre et doux, amical et bienveillant, d'une humeur affable et douce, sage et aimable, fidèle et véridique, prévoyant et exact, généreux et bienfaisant, renommé et sobre de paroles, bon et consciencieux. Nous sommes de l'avis de l'historien quand il déclare qu'il y avait du vrai des deux côtés, mais qu'il y avait plus de vrai chez les seconds que chez les premiers.

XII

Réalité et Sens de la sainteté d'Olaf

Olaf, par sa conversion au Christianisme, n'était certainement pas, du coup, devenu un saint parfait. Il est très naturel qu'il ait gardé sa nature de viking, contre laquelle il avait à entreprendre des combats réguliers et quotidiens, comme tout autre chrétien doit le faire contre les vices de la nature déchue qu'il a reçue en partage à sa naissance. Ce serait évidemment une méprise et un malentendu tout à fait opposé au sens et à l'esprit du Christianisme, de supposer que la conversion au Christianisme signifie non seulement la destruction totale de l'état de péché

en mettant l'âme en état de grâce et en la transformant ainsi en une nouvelle créature, mais
qu'elle entraîne aussi la destruction immédiate
et instantanée de toutes les passions, des mauvais penchants, des habitudes contractées, de
toutes les imperfections et de tous les défauts
inhérents à la nature déchue. Ce n'est pas ainsi
qu'opère la grâce du Christianisme ou de la foi.
Jamais Notre-Seigneur ou les Apôtres ne nous
en tracent une image de ce genre. Tout au
contraire. D'après Notre-Seigneur et les Apôtres, le Christianisme, en recevant dans son sein
le converti, lui donne bien une nouvelle vie, la
vie de la grâce, mais il le place en même temps
sur un champ de bataille et l'invite à la lutte,
l'exerce même et lui enseigne à manier les armes
de la foi qu'il lui fournit pour combattre efficacement le vieil homme et le dépouiller de tous
ses travers et de toutes ses mauvaises qualités.
Aucun converti à la foi ne sera donc un saint
qu'à la condition de mener ce combat avec persévérance et de gagner des victoires sur soi-
même. Saint Paul, le plus grand des convertis
au Christianisme, nous l'enseigne sans cesse par
ses paroles aussi bien que par son exemple.
« Je combats, dit-il, non pas en frappant l'air,
mais en réduisant mon corps à la servitude. Et il
ne se lasse pas de répéter aux chrétiens qu'il
faut appréhender les armes de la foi et combattre suivant les règles », jusqu'à ce qu'ils aient
obtenu la victoire.

Olaf n'avait pas d'autres voies à suivre ou
d'autres règles à observer. Et les maîtres qui
ont guidé ses premiers pas dans les sentiers du

Christianisme n'ont certainement pas exigé d'autres choses de lui. Nous sommes donc loin de le supposer parfait. Il avait de bonnes et de mauvaises qualités. Nous le suivrons dans la lutte et nous verrons comment il combat les unes et pratique les autres. Nous ne manquerons pas de constater qu'Olaf fut épris de la foi et qu'il en suivait les lumières, sinon parfaitement et sans reproches, du moins dans une mesure qui n'était pas ordinaire de son temps et souvent d'une manière héroïque. Alexandre Bugge, que nous avons déjà cité, n'a pas pu s'empêcher de reconnaître cela et de l'exprimer à sa manière en disant : Olaf Haraldson était sûrement au fond une nature juste et droite. Et avec l'âge et sous le coup de l'adversité son esprit devint plus profond et plus sérieux. Bugge est ici loin d'apercevoir l'action d'une vie de foi opérant sur la volonté, ou l'action de la grâce qui pénètre et travaille la vie humaine. Il voit bien le changement et il le constate, mais il l'attribue soit à des dispositions intérieures naturelles déjà existantes et capables de se développer au moment propice, soit à des causes externes aussi naturelles que les autres, les malheurs et l'âge, qui expliquent tant de choses dans la vie humaine ordinaire.

Ceci ne suffit cependant pas, tant s'en faut, pour expliquer tout ce qui arrive dans la vie de ceux que conduit l'esprit de Dieu. Il y a des transformations et des changements qui ne s'expliquent pas du tout, ni par le malheur, ni par l'âge. Un fait, par exemple, très simple en soi, mais d'une portée très grande pour juger à leur

véritable valeur les mouvements et les manifes-
tations de la vie de saint Olaf, tel que le fait
d'avoir déjà pris l'habitude, comme le raconte
son historien, d'assister chaque jour aux prières
des prêtres, aux matines et à la messe, à l'âge
de vingt ans, ne peut d'aucune manière être
attribué ni au malheur, ni à l'âge, mais
démontre bien qu'Olaf était pénétré de l'esprit
de foi et que les vérités sublimes de la religion
avaient fortement saisi son âme. Rien n'obli-
geait, en effet, le jeune roi à se lever de bon
matin pour assister à l'église aux matines ou à
la messe, avant de vaquer aux autres occupations de la journée. S'il le faisait, c'est qu'il en
connaissait le mérite et le prix et qu'il en voulait
profiter pour le bien de son âme et attirer sur
ses travaux la bénédiction de Dieu. Aux yeux
d'un homme étranger à la foi, l'assistance d'une
messe, même si elle est quotidienne, n'a aucune
importance, aucune signification. C'est tout au
plus une pédanterie curieuse à laquelle on donne
une raison quelconque. L'œil exercé de la foi
possède d'autres lumières et voit les choses sous
un autre jour. Lui seul peut découvrir les rap-
ports qu'il y a entre les divers actes dans la vie
d'un homme et apprécier à leur juste valeur les
influences spirituelles qui s'exercent sur eux.

XIII

Le Zèle et les Qualités d'apôtre d'Olaf

Il est évident, comme nous le verrons dans la
suite, que saint Olaf mit plus de zèle à convertir

ses sujets au Christianisme qu'à les dominer et
à les gouverner. Les moyens qu'il a employés
dans ce but n'ont pas toujours été marqués au
coin de la modération et de la prudence chrétiennes, au sens de quelques historiens moder-
nes qui lui en ont fait de grands griefs. A leurs
yeux, Olaf n'est pas venu comme un agneau au
milieu des loups, tel que le veut Notre-Seigneur.
Il a, au contraire, eu recours à la force et à la
violence contre ceux qui n'étaient pas disposés
à entrer bénévolement dans le bercail de l'Eglise.
A première vue, ces griefs semblent être fondés.
En les considérant de plus près, on les trouvera
fort outrés et beaucoup trop sévères. Même en
se plaçant à un point de vue tout à fait humain,
on est forcé d'admettre que l'esprit du temps en
général et l'esprit des vikings en particulier ne
permettait guère à Olaf d'agir autrement qu'il
ne l'a fait. Le peuple ne voyait dans la modération et la douceur qu'un signe de faiblesse. Celui
qui voulait le soumettre devait employer la force.
C'était à peu près le seul argument qui valait.
Et malheur à celui qui se montrait trop faible.
Olaf Trygvason en avait bien fait l'expérience.
Olaf Haraldson ne pouvait pas ignorer le triste
sort de son aïeul. Il ne pouvait pas non plus
ignorer les dispositions exactes du peuple. Il
savait fort bien aussi qu'il n'y avait pour lui
que deux issues possibles dans la lutte qu'il
avait entreprise, ainsi qu'il l'avait expliqué lui-
même à Sigurd Syr, c'était ou de vaincre ou de
mourir. C'est ainsi que les vikings envisageaient
les choses, c'était leur disposition d'esprit : vaincre ou mourir. Les visées d'Olaf étaient cepen-

dant plus vastes et plus élevées, et sans s'en douter il présageait les grandes choses que Dieu voulait faire par lui, tout en exprimant une idée courante des vikings du temps. C'est ainsi que Haakon jarl, vaincu et pris par Olaf, nous révèle une pensée analogue quand il dit à son vainqueur : « Ma défaite, un malheur ? Mais non. Aujourd'hui vous avez le dessus, demain nous l'aurons à notre tour. Vous pensez peut-être me faire tuer ? Eh bien, faites-le, vous en avez le droit. » — Les femmes partagent les mêmes idées. La reine Aasta, mère de saint Olaf, ne se montre donc ni plus tendre ni plus sentimentale. « J'aime mieux, dit-elle à son fils, vous voir mort, mais glorieux après vous être distingué, que de vous voir mener une vie insignifiante à la campagne. » Il y a là quelque chose de grandiose, mais tellement dur, que la grandeur en est écrasée. Les paroles d'Olaf n'ont plus cette dureté. Elles expriment au contraire la générosité de l'apôtre du Christ qui veut se donner et mourir pour sa cause.

Il est injuste et contraire à la vérité d'affirmer qu'Olaf ne procédait que par les armes et les moyens violents. Car, d'abord et avant tout, il avait recours à l'instruction et à la persuasion. Seulement dans le cas d'une résistance malveillante et opiniâtre de la part des païens et après avoir épuisé tous les autres moyens, il les invitait à se défendre et défendre leurs dieux par les armés, ou il leur infligeait les peines dictées par la loi, suivant le délit. Il est clair que, dans la pensée d'Olaf, les voies de fait et les moyens violents dont il faisait usage au besoin, n'étaient point des procédés apostoliques de conversion. Il les évitait autant que possible et ne les adoptait que comme des mesures extrêmes que lui imposaient les circonstances et même les lois, pour réprimer les rébellions dangereuses et réduire le peuple à la soumission et à l'obéissance. Il avait, d'autre part, la conviction et bien plus encore la conscience qu'il était appelé de Dieu, qu'il faisait son œuvre, et chaque jour il implorait son assistance et sa protection dans les longs entretiens intimes qu'il avait avec Dieu dès le matin, aux offices à l'église. Il savait aussi que Dieu était le Dieu de l'ordre et des droits dans l'Etat autant que dans la Religion et dans l'Eglise. Il ne pouvait donc admettre que qui que ce soit se permette de lui résister. Car c'était résister à Dieu que de bouleverser l'harmonie du droit et de l'ordre dans la société. Il était profondément persuadé, comme la foi le lui enseignait, qu'en se conformant à la loi de Dieu, sa cause ne pouvait être que celle de Dieu même, et qu'en défendant l'ordre de la société il défendait l'ordre établi par Dieu.

XIV

Nature de l'Œuvre de saint Olaf

Il n'est pas possible de considérer l'œuvre de saint Olaf simplement comme un jeu du hasard. Nous avons non seulement le droit, mais même le devoir de la regarder comme inspirée et vou-

lue par Dieu lui-même. La conversion d'un
peuple, bien plus encore que celle d'une âme
individuelle est, par excellence, une des grandes
grâces que Dieu, dans sa bonté infinie, distribue
à ceux qu'il veut tirer des ténèbres de la mort.
C'est l'appel miséricordieux fait à la nation par
Dieu qui se souvient d'elle, qui s'incline vers
elle et veut la faire participer à la lumière divine
de la foi et aux bienfaits de la rédemption. C'est
donc Dieu qui a voulu la conversion de la Norvège et qui a choisi Olaf pour cette œuvre. Il
a fait de lui son apôtre, il l'a envoyé au peuple
qu'il avait décidé, dans ses conseils éternels, de
conduire aux clartés du Christianisme. Il a
parlé à son jeune cœur, il a pénétré son âme
généreuse des inspirations secrètes et irrésisti-
bles de l'Esprit-Saint et, par les voies multiples
et mystérieuses de sa Providence à travers mille
péripéties et des dangers sans nombre, il a
dirigé le royal apôtre comme par la main jusqu'au trône qu'il lui avait préparé en Norvège.
Les événements qui se succèderont plus tard
dans la vie d'Olaf montreront, jusqu'à l'évidence,
qu'un succès extraordinaire, inexplicable sans
l'intervention du Ciel, a été attaché à ses entreprises toutes les fois que cela a été nécessaire
pour assurer la conversion du peuple à la foi
du Christ. Olaf a été victorieux partout et jusqu'à la fin chaque fois que les intérêts religieux
étaient engagés. Quand il a succombé à la tâche
à Stiklestad, son œuvre était achevée extérieu-
rement. Il n'y manquait plus que sa mort qui,
dans les desseins de Dieu, devait consacrer et
sceller définitivement la conversion du peuple

norvégien, l'affermir et l'élever dans la foi acquise.

C'est la grande marque des œuvres de Dieu et de l'action divine dans les événements de ce monde de faire éclater le triomphe dans la défaite et de manifester la force dans la faiblesse des moyens. Regardez la croix et le Christ qui y est cloué, et dites-moi si vous trouvez une autre victoire dans l'histoire des siècles et des peuples qui soit comparable à celle-là. Il n'y a que les Saints marchant sur les traces du Christ qui ont eu le privilège de continuer et de perpétuer le prodige de cette victoire en se faisant les instruments de Dieu pour étendre le règne de Jésus-Christ sur les âmes et sur le monde. Car la victoire et le triomphe des Saints n'est autre chose que la victoire et le triomphe de Jésus-Christ lui-même. C'est ainsi que la mort d'Olaf à Stiklestad est devenue le triomphe et la victoire du Christ sur le paganisme. Le peuple, toujours versatile et inconstant dans la foi et souvent relaps en fait d'idolâtrie malgré les efforts d'Olaf pour empêcher les rechutes, n'est plus retourné à ses dieux qu'il a définitivement abandonnés après le jour de sa mort. Ce qui a été impossible à Olaf d'obtenir pendant sa vie, il l'a obtenu par sa mort : la fidélité du peuple à la foi. C'est l'insigne prodige de son martyre, le mystère du triomphe et l'efficacité de sa mort, la preuve visible de la fécondité du grain mis en terre, la consécration solennelle et tangible de la grande œuvre de sa vie d'apôtre.

Est-il nécessaire, en face de ce prodige qui fait éclater au grand jour l'intervention du Ciel

dans les gestes apostoliques d'Olaf, de faire
remarquer que, d'après les paroles mêmes de
Notre-Seigneur, il n'arrive rien dans le monde
sans la volonté et le concours de Dieu? Les cheveux de notre tête sont comptés et il n'en tombe
pas un seul sans sa permission. En conséquence
et à plus forte raison devons-nous voir l'action
et le concours de Dieu dans les grands faits de
l'histoire qui décident de la destinée de tout un
peuple, surtout quand ces faits le font passer
des ténèbres de l'erreur ou de l'idolâtrie aux
splendeurs des vérités de Jésus-Christ. Ce que
la foi nous enseigne aussi ouvertement, nous
serions obligés de l'admettre et d'y croire même
si Dieu ne soulignait pas son intervention par
des miracles palpables pour nous en persuader,
comme il l'a fait dans la vie et la mort d'Olaf.
C'est donc avec cette conviction inébranlable
que nous allons considérer les faits et gestes de
saint Olaf et les événements qui se déroulent et
s'enchaînent dans sa vie.

XV

Le Zèle d'Olaf pour répandre la Foi

A peine installé à Trondhjem, Olaf montra
l'ardeur de son zèle en s'empressant à réaliser
ce qui préoccupait le plus sa pensée et son
cœur. Il lui tardait de voir le peuple gagné à
la foi et soumis à Jésus-Christ. Il s'occupait
activement de tout ce qui intéressait son peuple,
de son bien temporel aussi bien que de ses inté-

rêts spirituels. Mais ce qui lui tenait le plus au cœur, ce qui faisait l'objet de sa continuelle sollicitude, c'était de lui enseigner la religion et de l'initier aux pratiques chrétiennes. En parcourant le pays et en arrivant dans une contrée, un des premiers soucis était de s'informer de l'état religieux des habitants. S'ils étaient encore plongés dans l'idolâtrie et adoraient les faux dieux, il mettait tout en œuvre pour les instruire et leur faire accepter le Christianisme. Si, au contraire, ils avaient déjà reçu la foi en Jésus-Christ et étaient baptisés, il se faisait renseigner sur la manière dont ils pratiquaient la religion. Il lui arriva assez souvent alors de découvrir des pratiques très défectueuses ou mêlées d'usages païens. Dans ce cas, il déploya tout son zèle pour les instruire et ne se donna point de repos avant d'avoir extirpé le mal. Il ne se contenta pas de faire instruire les ignorants et les païens par les prêtres qu'il avait toujours à sa suite, il s'y employa le plus souvent lui-même.

Un de ses premiers actes à Trondhjem fut de s'enquérir auprès de son *skald* Sigvat et des islandais qu'il avait à sa cour, comment on observait le Christianisme en Islande, qui faisait alors partie de la Norvège. Il découvrit des lacunes assez graves. On lui apprit que les lois permettaient encore l'usage de la viande de cheval, l'exposition des enfants en bas âge à la manière des païens et autres coutumes aussi antichrétiennes. Si l'usage de la viande de cheval était considéré comme un délit et une infraction à la loi chrétienne, c'est que cette viande faisait l'objet des sacrifices aux dieux. Une autre enquête lui révéla que les habitudes religieuses aux Orcades, à Shetland et aux îles Féroé n'étaient guère meilleures. Il s'en occupa sérieusement et en faisait souvent le sujet de ses conversations avec son entourage. Aussitôt qu'une occasion se présenta, il en profita pour y porter remède.

XVI

Le premier Conflit avec le roi de Suède

Olaf ne devait pas jouir longtemps de la paisible possession de ses États.

Encore la même année, Olaf, roi de Suède, envoya vingt-quatre hommes sous la conduite de deux frères, Torgaut et Asgaut, prélever le tribut qu'il avait l'habitude de recevoir des grands propriétaires et seigneurs de la Norvège. Partout les agents royaux se heurtèrent à un refus courtois mais ferme. Les paysans alléguaient qu'ils ne pouvaient rien payer au roi de Suède à moins qu'Olaf, le roi légitime de la Norvège, renonçât à ses droits. Les envoyés décidèrent donc d'aller trouver Olaf et de lui soumettre la question. Olaf les reçut avec bonté et leur donna rendez-vous au lendemain de leur arrivée. Après avoir assisté à la messe et prié Dieu de l'éclairer, Olaf les reçut en audience et les pria de lui exposer le sujet de leur venue. Les deux frères lui expliquèrent ce qu'ils étaient venus faire au nom du roi de Suède, le refus qu'on leur opposait de payer le tribut, et finirent par persuader à Olaf qu'il était de son intérêt de venir avec eux en Suède, de se soumettre à leur roi Olaf et de recevoir de sa main le royaume de Norvège en fief. Olaf, bien décidé à soutenir ses droits et à ne les céder à personne, car ils lui étaient indispensables pour son œuvre, leur répondit avec douceur mais sans ambages : « Et moi je vous conseille de retourner à votre roi et de lui dire de ma part : Au printemps prochain je me rendrai à la frontière du sud qui sépare le royaume du roi de la Norvège de celui du roi de la Suède, et là, s'il en a envie, il peut venir s'entendre avec moi pour assurer à chacun le royaume qui lui est dû de par sa naissance. »

Après cette déclaration ferme et péremptoire, les envoyés déçus quittèrent Olaf. Ne pouvant s'accorder sur ce qu'ils devaient entreprendre, sur la conduite à tenir, les deux frères se séparèrent. L'un, Torgaut, retourna sans délai en Suède, l'autre, Asgaut, continua le prélèvement du tribut. Olaf ayant appris la manœuvre de ce dernier qui, avec douze hommes à sa suite, cherchait encore à exécuter les ordres du roi de Suède, envoya des hommes à leur poursuite. Ils furent pris et pendus à des poteaux sur une hauteur, d'où l'on pouvait apercevoir leurs cadavres au loin. En apprenant cette nouvelle, le roi de Suède entra en grande colère et jura de se venger.

L'acte d'Asgaut était évidemment une contravention grave aux instructions du roi Olaf et une espèce d'invasion hostile, surtout après les déclarations claires et formelles impossibles à méprendre qu'il en avait reçues. Même de nos

4

jours ces sortes d'hostilités entraînent des châtiments sévères. On ne peut pas dire que l'exécution sommaire des treize hommes en question
soit conforme à la loi évangélique de la douceur,
mais elle était parfaitement admise par la loi
civile d'alors. Nous ne savons pas quelle part
Olaf y a prise, mais il n'est pas besoin de le jus-
tifier. Olaf n'était encore qu'un néophyte et bien
loin d'être un saint; il était seulement en voie
de faire l'apprentissage de la sainteté. Ceux qui
sont devenus saints d'un seul coup au moment
de leur conversion, sont très peu nombreux.
Qu'Olaf ait commandé l'exécution des coupables
ou seulement approuvé le fait accompli, la différence n'est pas bien grande. Ce qui peut l'excuser, c'est qu'il a jugé cet acte de répression
nécessaire pour faire comprendre à ses ennemis
de tout ordre qu'il entendait faire respecter ses
droits.

XVII

Les Gestes répréhensibles d'Olaf et Sa Sainteté

Comment expliquer les actes d'un saint qui
semblent mal cadrer avec la sainteté? Nous en
rencontrerons un certain nombre dans la vie de
saint Olaf. Est-il nécessaire d'en trouver des
explications? Ne peut-on pas se contenter de
les noter et de laisser à chacun le soin de faire
les réflexions qu'il juge à propos? Ah! qui
nous expliquera les mystères des événements

qui arrivent chaque jour? Il n'y a que Dieu qui
les connaisse et qui puisse en rendre compte.
Il est facile de faire des objections, et les hommes sont prompts à les multiplier. Il est plus
difficile d'y répondre et de les dissiper. Essayons,
pour les prévenir, de nous inspirer des principes
chrétiens qui nous montrent la souveraine
Sagesse de Dieu présidant à tout ce qui arrive,
le seul promoteur de tout le bien qui existe et
tirant le bien du mal.

D'abord, savons-nous bien tous les détails et
toutes les raisons des actes et des faits qu'on
qualifie de répréhensibles? Presque toujours on
peut dire : Non. Il arrive souvent que, les détails
et les raisons une fois connus, celui qu'on tenait
pour un malfaiteur est entièrement réhabilité.
Il est donc bon de ne pas aller trop vite en besogne quand il s'agit de porter un jugement sur
les actes d'un Saint que l'Egilse et la postérité
ont reconnu comme tel. On est moins exposé à
se tromper en supposant une intention spéciale
de Dieu dont la Providence préside à tout.

Des raisons physiques, inhérentes aux événements, sont très souvent leur justification. Mille
circonstances de lieu, de personnes intéressées,
de causes et d'effets inévitables peuvent agir et
pousser une personne à un acte malgré la répu-
gnance qu'il lui inspire. La condamnation d'un
malfaiteur ou d'un assassin est toujours répu-
gnante, quoique parfaitement juste d'après la
loi. David commanda la mort des meurtriers
d'Isboseth. Personne ne songe à lui en faire un
grief. Pourquoi alors en faire un à saint Olaf
quand la loi et les raisons de justice lui ont fait

dicter des peines sévères que nous n'appliquerions plus aujourd'hui?

Les us et coutumes, les mœurs et les idées de l'époque, les lois et la civilisation du peuple forment un ensemble historique qui exerce une influence prépondérante sur la manière de juger et de sentir de tout un peuple et auquel personne ne peut se soustraire complètement sans danger. Celui qui ne tient pas compte de cette atmosphère ambiante créée par l'histoire elle-même ne comprend ni la vie de ceux qui ont dû s'y conformer, ni les actes et les événements qui ont dominé leur vie. Comment pourraient-ils en apprécier la juste valeur? Le milieu historique dans lequel saint Olaf a vécu et accompli son œuvre apostolique, a eu évidemment une profonde répercussion dans ses actes et y a laissé son empreinte. Vis-à-vis d'un peuple encore barbare la clémence ne pouvait pas toujours être de mise ni le meilleur moyen de lui faire du bien.

Les dispositions intérieures, les qualités de l'esprit, du cœur et de la personne du saint, jouent un grand rôle, cela va sans dire. Mais quelque excellentes qu'elles soient, elles n'empêchent pas que le saint ne soit exposé à faire de faux pas et à commettre des fautes s'il ne se tient pas sans cesse sur ses gardes. Ce n'est qu'à force d'une surveillance continuelle sur soi-même, au prix d'une abnégation personnelle quotidienne et d'un combat sans trêve contre ses propres penchants qu'il arrive à se façonner à la sainteté de Notre-Seigneur, son divin modèle. Saint Paul nous le dit expressément dans son langage énergique en nous représentant notre cœur comme un champ de bataille où les deux natures en nous se livrent un combat acharné et sans relâche.

Il ne faut donc pas s'étonner quand nous voyons les Saints commettre des fautes et même faire des chutes, il faut plutôt admirer leur grandeur d'âme dans la lutte, leur héroïsme dans la réparation, leur ardeur dans le bien, leur abnégation et leur persévérance dans leurs élans vers Dieu, comme aussi la bonté et la miséricorde de Dieu qui ne cesse de les soutenir et de les faire triompher de toutes les difficultés et de tous les obstacles.

Au-dessus des intérêts particuliers tant matériels que spirituels de chaque individu, il y a les intérêts supérieurs et transcendants des âmes, des peuples et des nations. Si nous montons encore plus haut, si nous entrons dans les régions sublimes où se révèlent les plans de Dieu dans l'éclat de sa gloire suprême, nous comprendrons bien mieux les agitations mystérieuses de la nature qui change et périt et les merveilles des œuvres de Dieu qui s'accomplissent dans la vie d'un saint. L'action subtile et cachée, forte et suave de Dieu s'exerce partout. La vie d'un saint en est remplie. Et partout l'action divine est si parfaitement adaptée à la nature et aux qualités des personnes et des choses qu'elle met en mouvement pour atteindre ses fins, qu'elle se confond avec elles. Nous ne voyons la plupart du temps que le mouvement extérieur des ressorts naturels mis en jeu par Dieu. Ses vrais desseins nous restent presque toujours cachés. Veut-il châtier des crimes connus ou inconnus? Veut-il récompenser des vertus? Veut-il seulement éprouver les siens, ses élus, les humilier ou les élever? Nous devons croire qu'il a en vue tout cela dans tout ce qu'il fait ou qu'il permet. Car Dieu cherche sa gloire dans le salut des âmes partout et il atteint son but par un seul et même acte. Que l'action de Dieu reste voilée dans le jeu des agents naturels et que ses desseins immédiats nous restent cachés, il n'est pas moins certain que tout doit profiter à ses élus, *qui secundum propositum vocati sunt sancti*, à ceux qui, suivant ses promesses, sont appelés des saints, et en cela même il trouve sa gloire extérieure. Et s'il plaît à Dieu de manifester sa présence et sa volonté en produisant des effets qui dépassent les forces des agents naturels dont il se sert, c'est-à-dire, en faisant des miracles, le but final ne change pas : Dieu ne cherche que le salut des âmes et la gloire de son nom. C'est alors qu'il vous fait voir de nouveau le feu qui embrase le buisson sans le consumer. Courbez vos fronts et adorez sans approcher davantage, car vous marchez sur une terre sainte !

A la lumière de ces réflexions qui s'imposent, nous comprendrons mieux la vie de saint Olaf, tissu d'événements et de faits extraordinaires.

XVIII

Sollicitude d'Olaf pour l'Islande

On était arrivé au printemps de 1016. Olaf se mit en route pour le sud de la Norvège. Avant de quitter Trondhjem il envoya, avec un navire en partance pour l'Islande, des présents au souverain de l'île, Hjalte Skjeggesön, en le priant de venir le voir en Norvège. Il profita de cette occasion pour faire avancer la foi dans l'île. Il envoya dans ce but des salutations amicales au grand interprète de la loi, Skafte, et à ses assistants et ne manqua pas de les prier de reviser les lois en vigueur et d'en faire disparaître tout ce qui choquait la foi et les mœurs chrétiennes.

XIX

Première Excursion apostolique le long de la côte

En longeant la côte vers le sud, Olaf s'arrêta dans chaque province pour convoquer les seigneurs et le peuple à des assemblées publiques et leur annoncer les grandes vérités de l'évangile. Le paganisme était encore en vigueur un peu partout. Dans l'intérieur du pays surtout il était resté absolument intact. Les vikings du littoral, plus en contact avec les pays du sud, la France, l'Angleterre et autres, avaient plus ou moins bien appris à connaître le Christianisme au cours de leurs exploits guerriers dans ces pays. Il est probable aussi que les efforts des rois chrétiens Haakon le bon et Olaf Trygvason, ainsi que des fils d'Erik, avaient porté des fruits et laissé quelques traces. Cependant ceux qui avaient reçu la foi et se sont fait baptiser n'ont pas pu être très nombreux. Puis, complètement abandonnés à eux-mêmes, sans prêtres et sans église, perdus au milieu des païens, ils se laissaient fatalement entraîner à leurs premières habitudes d'idolâtrie contractées dans leur enfance. Et cela leur était d'autant plus facile et naturel que leur instruction n'a pu être que très rudimentaire. Dans son voyage vers le sud, Olaf ne rencontrait donc à peine autre chose que les épaisses ténèbres du paganisme régnant à peu près partout.

Après avoir constaté l'étendue et la profondeur du mal, Olaf se mit à l'œuvre avec une ardeur qui n'avait d'égal que son amour du Christ et son zèle des âmes. Il ne négligeait rien pour conduire les habitants rapidement à la connaissance des vérités chrétiennes et les faire participer aux grands bienfaits de la foi en Jésus-Christ. Il les fit instruire par ses prêtres qu'il avait toujours avec lui, et au besoin il s'employa lui-même à leur donner l'instruction nécessaire, considérant cet office comme un honneur et une fonction de sa dignité royale. On le vit alors dans des réunions publiques, tantôt sur les bords de la mer ou d'un lac, dans un pré aux herbes touffues et parsemées de fleurs ou dans le sable de la plage au milieu des bateaux tirés à terre, sur le versant d'une colline, au milieu de rochers ou au pied d'une montagne à pic ; tantôt aux abords des vastes forêts, dans une plaine fertile encadrée de bosquets ou dans une vallée riante en face des glaciers éternels et des bruyantes chutes d'eau, annoncer et expliquer à la foule attentive les éternelles vérités de l'évangile.

Les scènes de la nature, si variées et si riches en Norvège, ne laissaient pas de donner à sa brillante imagination d'heureuses et subites inspirations pour mieux faire comprendre aux rudes esprits des vikings les enseignements abstraits de la religion. Dans les cas difficiles, il savait en profiter avec habileté, comme dans le Gudbrandsdal, lorsque tout à coup, au milieu de son discours, il fait tourner tous les regards vers le soleil levant dont l'apparition subite au-dessus de la cime des montagnes lui sert de symbole pour exalter la grandeur et la puissance du Dieu des chrétiens pendant qu'il fait abattre l'idole que les habitants ne voulaient pas abandonner.

Dans ses nombreux entretiens avec le peuple, qui, suivant les circonstances, prenaient le caractère solennel et impressionnant de la prédication ou de délibération et de conversation familière, Olaf réussit presque toujours à convaincre les populations et à leur faire embrasser la foi.

Il lui arriva cependant aussi de rencontrer des résistances imprévues et organisées, même des menaces et des révoltes de la part des païens mal disposés et rebelles. Mais rien ne pouvait l'intimider, rien ne le surprit, jamais il ne recula et jamais il ne prit la fuite. Sa confiance en Dieu était illimitée et lui faisait braver tous les dangers. Fermement convaincu que c'était Dieu qui lui avait confié la mission de convertir la Norvège à la foi du Christ, il restait inébranlable dans sa tâche au milieu de toutes les difficultés. Il ne consultait que sa conscience et son devoir sous le regard de Dieu dont il implorait la lumière et le secours, sans toutefois négliger les avis de ses conseillers et surtout de l'évêque. Une fois le devoir reconnu, il ne redoutait rien pour l'accomplir, ni la fatigue, ni la mort dans les entreprises les plus périlleuses et les plus ardues. Alors, après avoir épuisé tous les moyens de persuasion, et de composition pour rompre la résistance des rebelles, il leur demandait tout simplement la soumission qu'on doit à Dieu et à sa révélation et leur faisait comprendre que, puisqu'ils avaient tant de confiance en leurs dieux, ils pouvaient les défendre par les armes et éprouver eux-mêmes s'ils avaient raison d'en espérer quelque secours contre le Dieu des chrétiens. Souvent ces arguments se montraient plus efficaces que tous les autres et obtenaient la soumission demandée.

XX

Une Conquête importante

Dans son voyage le long de la côte, Olaf fut assez heureux de rencontrer et de conquérir l'amitié d'un de ses adversaires les plus puissants et les plus redoutables, Erling Skjalgsön, qui jouissait d'une grande estime et d'un ascendant incontesté dans tout le pays. Conscient de sa puissance, ce seigneur nourrissait de hautes prétentions. Olaf tenait fort à son amitié et consentit à lui faire toutes les concessions possibles. Erling se montra cependant peu disposé à s'incliner devant la puissance d'Olaf, devint de plus en plus exigeant et hautain. Il finit par poser des conditions qu'Olaf ne pouvait accepter sans diminuer et abdiquer ses droits de souverain. Devant des prétentions aussi exhorbitantes, Olaf préféra garder toute sa liberté d'action et la rupture entre lui et Erling parut inévitable. Les parents et les amis de ce dernier s'entremirent alors et s'efforcèrent à lui persuader de se rendre aux propositions d'Olaf. Erling se laissa fléchir, se déclara sujet d'Olaf et accrut ainsi considérablement son prestige. Partout aussi le peuple finit par se soumettre au roi, reconnaître son autorité royale et lui rendre les honneurs d'usage.

XXI

Autres Conquêtes

A son arrivée à Viken, Olaf n'eut pas de peine à se faire reconnaître par le peuple. Le roi du Danemark y avait installé ses seigneurs, mais ils prirent la fuite à son approche. Il rencontra des difficultés plus sérieuses sur les frontières de la Suède. A Tunsberg, le roi de Suède avait deux hommes qui détenaient le pouvoir en son nom, Eiliv Gautske et Roe Skjalge. Le premier surtout opposa une forte résistance à Olaf. Le peuple préférait bien servir le roi de la Norvège, mais n'osait se prononcer ouvertement pour lui parce qu'il craignait la puissance et la colère du roi de la Suède, qui n'aurait pas manqué de venir le châtier après le départ et en l'absence d'Olaf. Pour trancher la question sans heurter l'un ou l'autre des deux souverains, on convint d'entrer en pourparler. Une réunion des seigneurs et du peuple des deux partis fut fixée à cet effet. Björn, le maréchal du roi Olaf, prit la parole et exposa longuement les raisons et les avantages qu'il y avait à se soumettre à lui. Eiliv Gautske se leva à son tour pour parler. Tout à coup, un des chefs de l'armée d'Olaf saisit son épée et lui trancha la tête. Un formidable désarroi s'en suivit. Dans la surexcitation et le pêle-mêle quelques autres encore furent tués. Bientôt cependant on parvint à rétablir le calme. Olaf invita les hommes à reprendre leurs places et le pourparler continua. Les paysans finirent par faire leur soumission à Olaf qui promit de les protéger contre la colère du roi de Suède. Il resta encore pendant quelque temps au milieu d'eux, leur enseigna les lois et les mœurs chrétiennes et fonda la ville de Sarpsborg.

XXII

La Physionomie du Peuple

Dans ces détails intéressants se reflète la physionomie de ce peuple encore à moitié barbare que Dieu, par l'entremise d'Olaf et par un nouveau genre d'apostolat, appelle à la foi du Christ. Pour eux la vie d'un homme compte pour peu de chose. Pour un rien on tue, et à côté des cadavres fumants on continue à traiter les affaires avec un sang-froid imperturbable, comme si rien n'était. Presque toujours on conclut les traités les armes à la main. Les gens vivent de pillages, ils s'entretuent et se dépouillent mutuellement, comme ils dépouillent et massacrent les populations des pays étrangers qu'ils visitent et dévastent. Nous allons encore ajouter quelques traits qui illustrent et confirment ce que nous venons de dire.

XXIII

Quelques autres Traits caractéristiques

Les rois de ce temps reculé recevaient de leurs sujets un tribut en nature qu'ils prélevaient dans les différentes provinces par des hommes de confiance envoyés par eux. Le peuple s'exécutait de bonne grâce. Il n'y avait de difficultés que lorsque deux ou plusieurs rois se disputaient le pays. C'était le cas d'Olaf et du roi de Suède, qui se disputaient la souveraineté sur la province de Jämtland. Olaf y avait donc envoyé un homme, Traand Hvite, avec onze hommes, requérir l'impôt. Ils furent surpris par les envoyés du roi de Suède qui les tuèrent et emportèrent tout le tribut prélevé. L'historien dit : « Olaf, en apprenant cette nouvelle, n'était pas très satisfait. » On le comprend sans peine.

Oivind, un des hommes de la cour d'Olaf, après un entretien secret avec le roi, entreprit une expédition de viking. En route il apprit que Roe Skjalge avait prélevé le tribut chez les paysans de Bohuslän et se trouvait dans ces parages. Aussitôt il se mit en embuscade pour les lui ravir. A l'embouchure du fleuve Göta la bataille s'engagea. Roe Skjalge fut tué avec une trentaine de ses hommes et Oivind s'empara du butin.

Une autre aventure tragique analogue, mais plus compliquée, se déroula presque en même temps ailleurs. Olaf désirait posséder des habits et des meubles plus riches capables de rehausser l'éclat de sa puissance. Il chargea le marchand Gudleik, connu en Russie et dans les pays du Sud, de lui faire cette emplette. Gudleik, fier de la confiance royale, n'en faisait aucun secret. Torgaut Skarde en eut des nouvelles. Il épia Gudleik à son retour et, dans une attaque imprévue, il le tua avec un grand nombre de ses compagnons, après quoi il partagea la précieuse marchandise entre lui et ses hommes. Cependant le bien volé ne profite pas. Les voleurs en firent bientôt l'expérience. Un autre viking, Oivind Urarhorn, fut informé du coup de Torgaut. En bon larron il se mit aussitôt en route pour châtier le dévaliseur. Torgaut fut surpris et tué entre les récifs de la côte suédoise, sa flotte taillée en pièces, tout ce qu'ils avaient enlevé à Gudleik fut repris et Olaf eut ses vêtements et ses meubles précieux. C'est ainsi que les vikings concevaient la justice et entendaient en appliquer les lois. C'est aussi ce qui explique beaucoup les mesures de rigueur qu'Olaf se crut obligé de prendre en maintes circonstances contre les délinquants.

XXIV

Affermissement de la Foi à Viken

Pendant son séjour à Viken, Olaf ne manqua pas d'exercer son apostolat auprès du peuple en lui enseignant les lois de la religion et de la vie chrétienne. Le peuple du sud, étant en contact continuel et intime avec les autres peuples voisins du Danemark, de la Flandre, de la Saxe, du nord de la France et de l'Angleterre, avait aussi acquis une connaissance plus large du Christianisme que les peuples du nord de la Norvège. Olaf avait donc moins de peine à faire pénétrer et affermir les enseignements de la religion dans la population de Viken.

XXV

Olaf accepte un Conseil et charge Björn de l'exécuter

L'inimitié entre le roi de la Suède et le roi de la Norvège se faisait fortement sentir à Viken. Le peuple en souffrait profondément et en était très mécontent, mais personne n'osait le faire savoir à Olaf. On chargea le maréchal Björn d'en parler au roi. Björn s'acquitta de cette charge difficile dans une assemblée populaire convoquée par Olaf pour s'entendre avec les paysans sur les affaires du pays. Après avoir donné un court exposé de la situation créée dans le pays par l'inimitié des rois, Björn suggéra au souverain d'envoyer une légation avec plein pouvoir de traiter en son nom des conditions de paix avec le roi de Suède. Le peuple applaudit au courageux discours. La réponse d'Olaf était prompte et sage. « Le conseil que vous me donnez, dit-il, vous convient très bien, Björn. Je vous charge de la légation. Si le conseil est bon, vous en aurez tous les avantages, mais s'il y a danger de vie, ce sera votre faute. Du reste, c'est un devoir de votre charge de plaider mes causes dans les assemblées. » Après ces paroles Olaf se leva et alla assister à la messe comme d'habitude pour recommander à Dieu les travaux de sa journée.

Björn n'apprécia sans doute qu'à demi la mission qu'il avait reçue, car le lendemain son ami, un Islandais, Hjalte Skjeggesön, qu'Olaf avait mandé à sa cour, le rencontra triste et abattu. « Qu'as-tu donc? lui demanda-t-il. Es-tu malade ou quelqu'un a-t-il encouru ta colère? » Björn lui raconta son histoire de la veille. « C'est une mission dangereuse que le roi me confie », conclut-il.

— « Pas de quoi être triste, consola Hjalte. C'est le sort de ceux qui coudoient les rois. Ils sont aux honneurs plus que les autres, mais souvent ils risquent la vie. Il s'agit de savoir faire dignement l'un et l'autre. Le roi n'a que du succès brillant partout, et il y a de grands honneurs à gagner si la mission réussit. »

— « Tu considères cela comme un jeu, dit Björn. Tu veux sans doute me suivre? Ce sera

facile. Le roi veut me donner des compagnons
et un cortège. »

— « Bien, fit Hjalte, je te suivrai, il me sera
difficile de trouver un meilleur associé. »

XXVI

Björn remplit sa Mission et part pour la Suède

Peu de jours après, Björn se présenta devant
Olaf avec un cortège de douze hommes décidés à
le suivre. « Nous voilà prêts à partir, dit-il au
roi, les chevaux sont sellés et nous attendent
dans la cour. Que faut-il dire au roi de Suède? »
— « Vous lui direz, répond Olaf, que je tiens
à garder la paix entre nos pays, à la condition
cependant de respecter les frontières que possédait Olaf Trygvason avant moi, que ces frontières soient fixées par un traité et qu'aucun de
nous ne les viole à l'avenir. Si l'accord se fait
nous ne parlerons pas de nos pertes d'hommes,
car jamais le roi de Suède ne pourra trouver
assez de biens pour nous dédommager de ces
pertes que les Suédois nous ont fait subir. »
A ces mots le roi se lève, accompagne Björn et
ses compagnons à la cour, lui remet un glaive
doré et un anneau en lui disant : « Voici l'épée
que j'ai reçue du jarl Ragnvald. Je te la donne.
Vous irez le trouver et le prierez de ma part de
vous prêter son assistance. Comme gage de la
mission que je vous confie vous lui remettrez
cet anneau, il le reconnaîtra. »

XXVII

A la Cour du jarl Ragnvald

Arrivés à la cour du jarl, les envoyés d'Olaf y passèrent quelques jours avant de le voir. Enfin ils se présentent chez lui, Björn lui explique sa mission et lui remet les gages d'Olaf. Le jarl fut extrêmement surpris et demanda à Björn : « Quel crime as-tu donc commis, Björn, pour que le roi veuille te faire tuer? Garde-toi bien d'aller porter ces paroles au roi de Suède. Personne ne pourra les prononcer devant lui sans châtiment. » Björn ne s'effraya pas. Il fit connaître à Ragnvald sa ferme résolution de remplir sa mission jusqu'au bout, quoi qu'il dût en arriver. « Du reste, ajouta-t-il, le roi Olaf n'a eu jusqu'à présent que du succès. J'espère qu'il en sera de même quant à l'affaire qui nous occupe. Donc que vous m'aidiez ou non, j'irai trouver le roi de Suède et je lui parlerai. »

La femme du jarl, qui avait assisté à cette entrevue, saisit la parole et presse fortement son époux à soutenir la cause d'Olaf, « dussions-nous, dit-elle, nous exposer à la colère du roi de Suède et perdre notre bien et notre royaume. Il ne faut pas qu'on puisse dire de toi que tu as tremblé devant le roi de Suède. Ta naissance et ta parenté te donnent le droit d'être assez libre ici en Suède pour pouvoir dire ce qu'il convient devant tout le monde, même en face du roi. »

A ce fier langage de la matrone, Ragnvald n'avait rien à opposer, sinon qu'il entendait décider lui-même quand et comment il convenait d'agir. Il invita donc Björn à rester à sa cour avec sa suite, jusqu'à ce qu'il juge le moment propice d'intervenir. Björn accepta l'invitation avec reconnaissance.

Pendant le séjour prolongé à la cour de Ragnvald, Björn et Hjalte eurent de fréquents entretiens avec Ingebjaarg, l'épouse du jarl. Ils examinaient et discutaient avec elle les moyens de se mettre en relation avec le roi de Suède et de mener à bonne fin la grande cause d'Olaf. Tandis que Ragnvald semble rester inactif, sa femme se remue beaucoup et met tout en œuvre pour seconder les efforts des deux légats. Cependant l'affaire n'avançait guère.

XXVIII

Une Exploration diplomatique à la Cour de Suède

Un jour Hjalte eut une inspiration. Il la soumit à Björn et à Ingebjaarg. Il leur proposa, s'ils étaient d'accord avec lui, d'aller tout seul trouver le roi de Suède et d'explorer la situation de plus près. La trame diplomatique qu'on lui permet d'ourdir est si fine et si délicate, elle reflète si bien la culture d'esprit et les aspirations des deux peuples et de leurs chefs, qu'elle mérite de fixer un peu plus notre attention.

« Je ne suis pas Norvégien, dit Hjalte à Björn et Ingebjaarg, les Suédois n'auront donc aucune raison de me chercher querelle. De plus, j'ai appris qu'il se trouve à la cour du roi de Suède deux Islandais que je connais, Gissur Svarte et Ottar Svarte en qualité de scaldes. Je profiterai de leurs services. Ils me renseigneront sur les dispositions du roi et sur les chances de réussir. Je ferai en conséquence ce qui me paraîtra opportun. » Björn et Ingebjaarg ne purent qu'applaudir à la proposition de Hjalte. Ingebjaarg fit elle-même les frais du voyage. Elle lui adjoignit deux hommes de corvée et, après leur avoir remis d'amples provisions, elle donna encore dix livres d'or pesées pour l'entretien et des gages à l'adresse de la princesse Ingegerd. (Il y avait alors une différence entre l'or pesé, valeur réelle, et l'or compté, valeur inférieure).

Les deux scaldes islandais reçurent Hjalte à bras ouverts. Ils le présentèrent immédiatement au roi comme un compatriote de hauts mérites et le recommandèrent chaleureusement au roi. Le roi les pria de le garder chez eux. C'était une faveur. Hjalte se fit aimer à la cour et le roi prit plaisir de s'entretenir avec lui et de lui demander des nouvelles d'Islande. La voie étant ainsi préparée, Hjalte s'enhardit. Un jour il prit ses compatriotes avec lui, alla trouver le roi et lui tint ce discours : « Vous savez, ô roi, que j'ai fait un long et difficile voyage pour venir vous trouver ici. Ayant passé la mer et entendu votre grand renom, il m'a paru insensé de retourner dans mon pays sans vous avoir vu, vous et votre gloire. Il est de convention entre l'Islande et la Norvège que les Islandais, quand ils vont en Norvège, paient un tribut. En traversant la mer j'ai recueilli ce tribut de tous les passagers en ma compagnie. Mais sachant que c'est votre droit d'avoir la suprématie sur la Norvège, je suis venu ici pour vous remettre ce tribut. » Il montra l'argent au roi et versa cinq livres d'argent dans le giron de Gissur. Le roi compta soigneusement l'argent et dit : « Peu de personnes nous ont, ces derniers temps, apporté quelque chose de semblable de la Norvège. Je vous en suis reconnaissant et vous en saurai gré, Hjalte, d'avoir montré tant de zèle à nous apporter le tribut, plutôt que de le donner à nos ennemis. Je veux donc que vous acceptiez de moi cet argent et avec cela mon amitié. » Hjalte s'empressa de dire sa profonde reconnaissance au roi qui, dès ce moment, lui accorda toute sa confiance et le combla de ses faveurs royales.

Hjalte crut le moment venu de se mettre en rapport avec la princesse Ingegerd et de la gagner pour sa cause. Il mit ses deux amis, Gissur et Ottar, dans son secret et les pria de lui ménager un entretien avec elle. « Ce n'est pas difficile », dirent-ils. Un jour qu'elle était en fête avec les courtisans dans ses maisons, ils allèrent la trouver. Ils furent bien reçus. Hjalte lui présenta les salutations d'Ingebjaarg, lui remit ses gages et ses recommandations. La princesse reçoit les visiteurs avec bienveillance, dit à Hjalte qu'il peut compter sur son amitié, lui accorde les honneurs de sa table et le prie de revenir souvent pour s'entretenir avec elle. La confiante bienveillance inattendue de la princesse le met à l'aise. Sans tarder il lui confie la mission que lui et Björn avaient à remplir auprès du roi de Suède et lui demande ce qu'elle en pense. La réponse de la princesse ne lui donna aucun espoir. « C'est inutile, dit-elle, d'essayer une réconciliation entre le roi et Olaf le gros. Le roi est tellement irrité contre lui qu'il ne peut pas supporter qu'on le nomme en sa présence. » La déception était complète, mais Hjalte espérait malgré tout.

XXIX

Un Echec

Un jour que Hjalte trouva le roi en très bonne humeur il en profita et lui tint ce discours : « Une gloire incomparable vous entoure, ô roi, et je vois aujourd'hui de mes yeux ce que j'ai entendu raconter maintes fois, qu'il n'y a dans les pays du nord aucun roi qui vous soit comparable en puissance. C'est regrettable que nous ayons une route aussi longue et aussi dangereuse pour venir ici. D'abord nous avons la grande mer à traverser. Puis les hommes qui désirent venir ici ont encore à traverser la Norvège qui n'est pas en paix avec vous. Pourquoi n'y a-t-il personne qui cherche à faire des propositions de paix entre vous et Olaf le gros? J'en ai entendu parler beaucoup en Norvège aussi bien qu'en Gautland de l'ouest, et tout le monde désire ardemment la paix. Partout on m'a rapporté comme certaines les paroles du roi de la Norvège, que c'était son plus grand désir de se réconcilier avec vous. Et je sais qu'il ne manquera pas de reconnaître que sa puissance est loin d'égaler la vôtre. On dit aussi qu'il a l'intention de demander la main de votre fille Ingegerd, ce qui achèverait la réconciliation. Du reste Olaf est un excellent homme, à juger d'après ce que des personnes très dignes de foi m'ont dit de lui. »

Le roi se redresse dans sa dignité : « Il ne faut pas parler ainsi, Hjalte, dit-il. Je te le pardonne, parce que tu ne connais pas la consigne. A ma cour il ne faut pas appeler « roi » ce gros homme, et il s'en faut de beaucoup qu'il soit aussi estimable que bien des gens se plaisent à le dire. Tu vas comprendre qu'il n'est pas convenable pour moi de l'avoir pour gendre. Car je suis le dizième roi d'Upsal de ma dynastie exerçant une monarchie absolue sur la Suède et sur beaucoup d'autres pays, et tous ont dominé sur d'autres rois dans le nord. Mais la Norvège est peu habitée et les habitations y sont disséminées. Elle n'a eu que de petits rois. Harald Haarfagre a été le plus puissant dans le pays. Il s'est battu avec les rois des provinces et les a subjugués. Il a cependant compris qu'il n'aurait aucun avantage à heurter la puissance des rois de la Suède. C'est pourquoi ceux-ci lui ont laissé la paix. Du reste il y a eu aussi des alliances de sang entre eux. Mais Haakon, fils adoptif d'Adelsten, régnait en paix dans la Norvège jusqu'à ce qu'il se mit à ravager le Gautland et le Danemark. Alors il fut tué. Les fils de Gunhild furent également tués aussitôt qu'ils se mirent en révolte contre le roi du Danemark. Harald Gormsön se soumit la Norvège et la rendit tributaire. Mais Harald Gormsön était loin d'égaler le roi d'Upsal, car il fut vaincu et soumis par Styrbjörn, tandis que mon père, Erik le vainqueur, fut supérieur à Styrbjörn le jour où ils se mesurèrent ensemble. Mais lorsque Olaf Trygvason vint en Norvège et se donna le nom de roi, nous ne l'avons pas laissé achever son œuvre, moi et Svein, roi du Danemark, nous sommes allés le tuer. Je me suis donc attribué la Norvège avec pas moins de puissance que celle que tu viens d'entendre, et avec tous les droits que me donnent le combat et la victoire sur le roi qui la possédait auparavant. Tu comprends donc, en homme intelligent, que je ne suis pas disposé à me défaire de ce pays au profit de ce gros homme. Il est curieux qu'il ne se souvienne pas qu'il n'a échappé qu'avec peine lorsque nous l'avions cerné et enfermé dans le Laagen (Mæleren). Je pense qu'alors il n'avait pas trop envie de recommencer avec nous autres Suédois. Et maintenant, Hjalte, je te le dis, il ne faut plus parler de cela. »

Hjalte comprit et n'insista pas. Mais en racontant son entretien à Ingegerd il la pria d'intervenir et de faire valoir son influence. Pour lui faire plaisir la princesse le lui promit en répétant cependant qu'elle n'avait aucun espoir de réussir, car elle connaissait trop l'entêtement de son père. Quelques jours plus tard, le roi paraissant bien disposé, elle lui dit : « Que pensez-vous de l'inimitié entre vous et Olaf le gros ? Bien des gens se plaignent de ces querelles. Quelques-uns disent qu'ils ont perdu leurs biens et des parents dans leurs luttes avec les Norvégiens, et aucun de vos sujets ne peut aller en

Norvège dans ces conditions. C'est regrettable
que vous ayez fait valoir des droits sur la Norvège. Le pays est pauvre, difficile à parcourir
et le peuple ne mérite aucune confiance, les gens
du pays préfèrent tout autre à vous pour roi.
Si j'avais un conseil à donner, ce serait de
renoncer à la Norvège, d'employer les forces
plutôt à conquérir les terres subjuguées par
Styrbjörn et de laisser à Olaf son pays d'héritage en concluant la paix avec lui. » Il n'en fallait
pas davantage ; le roi s'emporta : « C'est ton
conseil, Ingegerd, dit-il, que j'abandonne le
royaume de la Norvège, mais que je te marie à
Olaf le gros. Non, jamais. Nous préférons autre
chose ! J'appellerai plutôt tous les Suédois sous
les armes cet hiver pour aller avec moi en Norvège la mettre à feu et à sang en punition de
son infidélité. » Une violente colère le suffo-
quait et l'empêchait d'en dire davantage.

Hjalte attendait Ingegerd à sa sortie. Il s'empressa de l'interroger sur le résultat de sa
démarche. « Il est tel que je le prévoyais, dit-
elle, il ne faut plus en parler. Le roi est inexo-
rable, il ne veut rien entendre et ne répond que
par des menaces. »

XXX

Un Succès

La princesse et Hjalte eurent encore de fréquents entretiens. Il lui parla d'Olaf, lui décri-
vit ses mœurs et ses habitudes et ne tarissait
pas d'éloges sur les vertus et les qualités émi-

nentes du roi de la Norvège. Un jour qu'il se
sentait à l'aise la pensée secrète de son cœur lui
échappa : « Me serait-il permis, ô princesse, de
vous dire ce qui me tient le plus au cœur? »

— « Parle! dit-elle d'une voix douce et bien-
veillante. Mais que personne autre ne l'en-
tende! »

— « Que répondriez-vous si Olaf, le roi de la
Norvège, vous envoyait une députation pour
vous demander votre main? »

Une rougeur discrète montait sur les nobles
traits de la princesse. Elle parle lentement et
pèse ses paroles : « A cela je n'ai aucune réponse
à donner, et je ne crois pas qu'il soit nécessaire
d'en donner une. Mais si Olaf est tel que vous
me l'ayez dépeint, je ne pourrais jamais me
souhaiter un meilleur époux, à moins que vous
n'ayez exagéré. »

— « Je n'ai pas dit un mot de trop! »

Les deux scaldes, Gissur et Ottar, avaient été
mis dans le secret. Eux aussi s'entretenaient
souvent avec la princesse, et Ottar surtout
employa son éloquence pour confirmer les paroles de Hjalte. Lorsque celui-ci se crut certain
de son succès, il députa ses deux compagnons à
Jarl Ragnvald et à son épouse avec des lettres
de la princesse et les siennes.

XXXI

Bjorn et Ragnvald entrent en activité

Ragnvald ne fut pas surpris du double échec
de Hjalte et de la fille du roi. Il en communi-

qua la nouvelle à Björn. Mais celui-ci ne se désista pas de sa résolution. Il insista au contraire de vouloir parler au roi de la Suède à tout prix, et il rappela à Ragnvald sa promesse de le suivre. Ragnvald se mit donc en devoir de partir pour la Suède avec Björn et sa suite, prenant encore avec lui une escorte de soixante hommes. En route, avant d'arriver à Upsal, il envoie une députation à Ingegerd pour la prier de se rendre à ses domaines à Ulleraker, où il désirait avoir une entrevue avec elle. Immédiatement la princesse fait ses préparatifs et s'y rend avec un grand cortège dont Hjalte fait partie. Il y eut de grands adieux entre Hjalte et le roi.

« Adieu, ô roi, dit Hjalte, je répète que nulle part je n'ai vu des choses aussi grandioses comme celles qu'il m'a été donné de voir ici chez vous. Je le proclamerai partout où j'irai. Je vous prie de me garder votre amitié. »

— « Pourquoi parles-tu ainsi? Veux-tu partir? Où vas-tu? »

— « Je vais à Ulleraker en compagnie de votre fille Ingegerd. »

— « Oh! alors c'est bien. Adieu! Tu es un homme de beaucoup de sagesse, tu as de bonnes manières et tu sais te conduire très bien au milieu des rois! Adieu! »

On était alors au commencement de 1018 et en plein hiver. A Ulleraker Ingegerd prépara une réception royale à ses hôtes.

XXXII

Olaf poursuit la Conversion du Peuple

Pendant que ceci se passait en Suède, Olaf continuait son œuvre de christianisation en Norvège.

Fidèle à l'usage des rois ses prédécesseurs de visiter le pays tous les trois ans, il avertit les seigneurs et les rois des alentours qu'il allait entreprendre de suite ce voyage royal. Il se met en route avec une escorte de trois cent soixante guerriers à travers les Smaalene, le Romerike et le Gudbrandsdal. Ainsi qu'il avait coutume de le faire, il s'enquiert partout de l'état religieux du peuple. Plus il avance vers l'intérieur du pays plus cet état se révèle défectueux et le paganisme est demeuré intact. Olaf fait donner partout l'instruction que réclame la circonstance, établit des prêtres et force, sous les peines les plus sévères, tous, les petits comme les grands, à se ranger résolument du côté de la foi. Ceux qui ne voulaient pas renoncer aux idoles étaient, sans distinction de rang ou de personnes, punis, suivant le cas et conformément aux lois, de bannissement, de mutilation ou de mort.

XXXIII

Cinq Rois complotent, sont pris et châtiés

Le roi de Romerike, voyant les rigueurs d'Olaf et de nombreuses plaintes lui arrivant tous les

jours, crut bon d'entendre l'avis du roi du Hedemark, Rörek. Ils convinrent ensemble d'inviter
le roi Gudröd du Gudbrandsdal et le roi du
Hadeland à venir à un rendez-vous chez le roi
Ring à Ringsaker, où ils délibèreraient ensemble
sur les mesures à prendre vis-à-vis d'Olaf.
Tous se rendirent à l'appel.

Le roi de Romerike prend le premier la parole
et donne une description vive et tranchante de
la conduite et de la sévérité d'Olaf. Il avertit
les rois que, s'ils ne sont pas, comme lui, mena-
cés immédiatement, ils ne tarderont pas à être
atteints eux aussi.

Rörek se lève : « Il est arrivé ce que j'ai
pensé quand nous avons accepté la suprématie
d'Olaf et que nous l'aidions de nos moyens.
Aujourd'hui nous sommes en présence de deux
alternatives que nous pourrons choisir : La première serait de nous résigner et de lui laisser
libre carrière, ce qui, à mon avis, serait ce qu'il
y a de mieux. La seconde alternative serait de
nous unir contre lui. Numériquement nous
serions certainement plus forts que lui. Mais
ceci n'est pas un gage de victoire. Sa petite
armée aura l'avantage d'obéir à un seul commandement, tandis que la nôtre devra obéir à plusieurs chefs. Je ne puis donc conseiller de courir
les chances d'une lutte avec Olaf Haraldson. »

Sur cela chacun donna son avis, mais il leur
fut impossible de pouvoir s'accorder. Finalement le roi Gudröd se lève et prononce une
harangue qui les enflamme tous. « Je m'étonne,
dit-il, qu'il vous soit si difficile de prendre une
décision dans cette affaire. Vous avez une peur

folle d'Olaf. Nous sommes cinq rois ici, et aucun de nous n'est d'une lignée inférieure à la sienne. Nous l'avons soutenu contre Svein, et c'est à nous qu'il doit son royaume. Mais si, à présent, il veut nous ravir le petit royaume que nous possédons et sévir contre nous en employant des tortures et des violences, je déclare, pour ma part, que je ne m'y résignerai jamais, et je considère celui d'entre vous comme un grand poltron s'il n'a pas le courage de tuer Olaf quand il viendra se fourrer dans nos mains, ici au Hedemark, car jamais nous ne serons sûrs, de notre tête aussi longtemps qu'il vivra. »

La harangue avait produit son effet. Rörek se leva : « En face d'Olaf il n'y a qu'une union forte et inébranlable qui puisse nous sauver. Vous pensez vous réunir et tomber sur Olaf quand il viendra ici au Hedemark. Cela ne m'inspire aucune confiance. Si nous voulons réussir il nous faut rester ensemble jusqu'à ce que notre projet soit accompli. » Cette proposition réunit tous les suffrages. Les rois se tinrent donc ensemble et se firent continuellement renseigner sur les mouvements et les actes d'Olaf et de son armée qui avançait rapidement. Se voyant en danger, les rois se hâtent de donner des ordres en vue de former et de réunir leur armée. Chaque seigneur de leur dépendance reçoit l'injonction d'équiper trois cent soixante hommes et de les conduire à l'endroit désigné.

Cependant il y eut une fissure imprévue dans le complot. Kétel de Ringanes, aujourd'hui Ringnes, qui s'était joint à Olaf dès le début, a bien pris part à la réunion, mais pas à la trahison.

Revenu chez lui, il se hâte de traverser le lac Miösen avec quatre hommes bien armés et d'aller trouver Olaf à Eidsvold. Olaf venait justement d'assister aux matines. Kétel demande à lui parler sur le champ en audience privée, ce que le roi lui accorda volontiers. Olaf, bien informé de tout, donna ordre de requérir et de tenir prêts les bateaux du lac ainsi que les moyens de transport par terre, après quoi il alla se recommander à Dieu en assistant à une messe qu'il fit célébrer. A la tombée de la nuit il s'embarque avec une équipée de quatre cent quatre-vingts guerriers, traverse le lac, et avant la pointe du jour les maisons où dormaient les cinq rois étaient cernées et soigneusement gardées pour que personne ne pût s'échapper. Pris au dépourvu et sans armes, les cinq rois ne pouvaient que se rendre à discrétion. Olaf ne connaissait pas de crime plus grand que la trahison et en avait une extrême horreur. Il lui appliqua donc toutes les rigueurs de la loi sans toutefois vouloir aller jusqu'à la peine de mort. Rörek, organisateur du complot, eut les yeux crevés; Gudröd, l'instigateur de la révolte, eut la langue coupée; les trois autres durent quitter le pays et les complices subirent des châtiments divers. Les biens des coupables furent confisqués au profit d'Olaf qui devint ainsi le seul roi de la Norvège après le décès de Sigurd Syr, roi de Ringerike, arrivé le même hiver.

XXXIV

État-Civil et Administration de la Suède

La Suède était alors partagée en une multitude de provinces (onze) sur lesquelles le roi exerçait une autorité restreinte. Chacune de ces provinces avait ses lois particulières, faites et interprétées par un homme de loi appelé lagmand, dont l'autorité était souveraine en la matière. Ces hommes de loi dépendaient à leur tour, au moins d'une certaine manière, de celui du Tiundaland, dont la capitale Upsal était le siège du roi et de l'archevêque. Le lagmand du Tiundaland était pour ainsi dire le chef des autres. Aux assemblées le lagmand parlait au nom du peuple et répondait au roi, au jarl ou à l'évêque lorsque ceux-ci le convoquaient soit pour consulter le peuple, soit pour faire connaître leur volonté. Personne, quelle que fût son autorité ou son rang, n'osait cependant se permettre de venir aux assemblées générales des provinces sans l'assentiment du lagmand en qui résidait l'autorité du peuple.

Le lagmand du Tiundaland était alors Torgny, dont les ancêtres avaient exercé la fonction législative de père en fils pendant de longues générations. Torgny était déjà vieux, entouré d'une nombreuse séquelle et jouissait du renom d'être l'homme le plus sage de la Suède. Ragnvald était de sa famille et élevé par lui. C'est à Torgny que Ragnvald allait s'adresser, après

avoir, pendant son séjour à Ulleraker, longtemps
discuté avec Ingegerd les hostilités des deux rois.
La princesse ne voyait aucune forme d'accom-
modement possible. Son père était inflexible et
se refusait absolument d'entendre parler de paix
avec Olaf. Aux propositions de mariage avec
Olaf elle n'avait point d'objections à faire sinon
qu'elle s'en remettait à son père tout en se
déclarant disposée à écouter les avis de Ragnvald sur cette question. Ragnvald l'y engagea
beaucoup, fit de grands éloges d'Olaf et lui
raconta fort en détail le glorieux fait d'arme
d'Olaf lorsque, dans une matinée et d'un seul
coup, il prit cinq rois et leurs royaumes. S'étant
mis d'accord avec Ingegerd sur les démarches à
faire, il partit avec Björn et le double cortège
pour se rendre chez Torgny.

XXXV

Björn et Ragnvald s'adressent à Torgny, homme de loi

Le soleil est à son déclin quand Ragnvald et
Björn entrent dans la cour de Torgny. Un grand
nombre de monde s'y pressait et remplissait les
maisons. Ragnvald et Björn furent reçus avec
beaucoup d'honneur. Dans une grande salle
Björn aperçoit, assis dans un fauteuil princier,
un vénérable vieillard, la barbe longue, blanche
et couvrant toute la poitrine, et la taille géante.
Jamais il n'avait encore vu un homme aussi
grand. C'est Torgny. Ragnvald va droit à lui

et le salue. Torgny s'incline aimablement vers son fils adoptif et le prie de s'asseoir au fauteuil qu'il avait l'habitude d'occuper autrefois. Ragnvald s'assied en face de lui, et on donne libre cours à la joie du revoir.

Cependant Ragnvald avait hâte de traiter avec Torgny de l'affaire qui l'avait amené. Il lui demande donc une entrevue dans la salle des assemblées. Là, en présence de Björn et de sa suite, il explique à Torgny ce qui s'est passé, il lui montre Björn et ses hommes présents dans la salle, que le roi Olaf a envoyés pour solliciter et conclure la paix avec le roi Olaf de la Suède. Il lui décrit la situation intolérable provoquée par les inimitiés dans les provinces limitrophes des deux côtés de la frontière. « Moi-même, dit-il, j'ai promis de suivre la députation chez le roi de la Suède. Mais celui-ci se montre inaccessible et intraitable. Me voyant impuissant à rien obtenir tout seul, je suis venu te demander conseil et appui. »

Torgny réfléchit un instant. « Votre conduite est étrange, dit-il enfin. Vous êtes prompts à vous décerner des titres royaux, mais aussitôt que vous rencontrez des difficultés, vous êtes incapables de vous tirer d'affaire. Pourquoi n'y as-tu pas pensé avant de t'engager dans cette démarche. Tu aurais dû te demander à toi-même si tu possèdes assez de puissance pour contredire le roi Olaf de la Suède ? Je suis d'avis qu'il n'est pas moins honorable d'être considéré comme paysan, mais d'avoir la liberté de parler comme on l'entend, même en face du roi. Je vais me rendre maintenant à l'assemblée d'Upsal et là je vais te procurer un appui tel, que tu n'auras pas besoin d'avoir peur de dire au roi ce que tu voudras. »

Ragnvald, bien content du succès, n'avait pas besoin de chercher ses expressions pour témoigner avec effusion sa reconnaissance à Torgny. Quelques jours plus tard ils se rendirent à la grande assemblée d'Upsal. Il y avait beaucoup de monde. Le roi de Suède y était avec toute sa cour.

XXXVI

A la grande Assemblée plénière d'Upsal

A la première séance le roi était à son siège entouré de ses courtisans. Vis-à-vis de lui, Ragnvald jarl et Torgny étaient assis sur leurs sièges. Devant eux se tenaient les courtisans de Ragnvald et les serviteurs de Torgny. Les paysans et la foule s'étaient rangés derrière eux et aux alentours. Quelques-uns avaient pris place sur les hauteurs voisines pour entendre et voir.

D'abord ce sont les affaires courantes du roi qui sont traitées. Puis le maréchal Björn se lève à côté de Ragnvald et d'une voix forte qui pouvait être entendue de toute l'assemblée il dit : « Le roi Olaf m'a envoyé ici avec la charge d'offrir en son nom au roi de Suède la réconciliation et la paix garantie par l'ancien partage de terres de tout temps en vigueur entre la Norvège et la Suède. »

Le roi, ne connaissant pas Björn, crut d'abord que c'était un homme qui avait quelque chose à lui demander. Mais quand il entend les mots de « réconciliation » et de « frontières » il saisit en un clin d'œil le coup qui a été monté. D'un bond il se lève et d'une voix de tonnerre il commande à l'homme de se taire.

Mais Ragnvald se lève tranquillement, fait le récit de la députation envoyée par Olaf le gros, expose les propositions de réconciliation, faites au roi de la Suède, les instances réitérées qu'ont tentées auprès de lui les habitants du Gautland pour le presser de conclure la paix, les difficultés qu'on avait de vivre et les dangers continuels de ravages de la part du roi de la Norvège. Pour sceller définitivement la paix le roi de la Norvège avait même envoyé une députation pour demander Ingegerd, la fille du roi, en mariage.

Quand Ragnvald eut cessé de parler, le roi, fort agacé, se lève de nouveau et se répand en invectives contre la réconciliation, contre le jarl qui a eu le front d'accepter la paix et l'amitié du « gros homme », se laissant gouverner uniquement par sa femme, et finalement il attaque violemment Olaf qui, d'après lui, méritait tous les châtiments.

Un silence profond suit la diatribe royale. Puis Torgny se lève. Aussitôt tous les paysans et la foule se lèvent également, s'approchent et se pressent autour de Torgny pour mieux l'entendre. Le calme et le silence étant rétablis de nouveau, Torgny élève sa voix vibrante, mais calme : « La disposition d'esprit des rois de la Suède, dit-il, n'est plus la même aujourd'hui que celle d'autrefois. Torgny, mon grand-père, se rappelait d'Eric Emundsön, roi d'Upsal, et nous racontait comment il entreprenait des expéditions de guerre chaque année tant que son âge le permettait, parcourant beaucoup de pays, se soumettant la Finlande, l'Estland, le Kurland et beaucoup d'autres pays de l'Orient. Aujourd'hui encore on peut voir les casemates et autres grandes fortifications qu'il a élevées. Mais il n'était pas si présomptueux qu'il refusât d'entendre les gens qui avaient quelque chose à lui dire. Torgny, mon père, séjournait longtemps chez le roi Björn et connaissait parfaitement ses habitudes. Son royaume était florissant et puissant et était loin de diminuer. Cependant il était affable envers ses amis. Moi-même je me souviens du roi Eric le vainqueur, que j'ai suivi dans une multitude de voyages de guerre. Lui, il augmentait le royaume des Suédois et le défendait vaillamment. Nous n'avions aucune difficulté à lui donner des conseils. Mais le roi actuel ne permet à personne d'oser seulement lui dire autre chose que ce qui lui plaît à lui-même, et il s'y emploie de toutes ses forces. D'autre part, par manque d'énergie et par sa faiblesse, il laisse ses pays tributaires se détacher de lui. Il convoite et s'efforce grandement de maintenir sous sa domination la Norvège, que jamais aucun roi suédois n'a convoitée, et ceci donne de l'inquiétude à maints hommes. A présent nous voulons, nous paysans, que tu te réconcilies avec Olaf le gros, roi de la Norvège, et que tu lui donnes ta fille en mariage. Mais si tu veux reconquérir les royaumes d'Orient que les tiens

et tes ancêtres ont possédés là-bas, nous te
suivrons tous. Si au contraire tu ne veux pas
t'arranger comme nous le disons, nous allons
marcher contre toi et te tuer, car nous ne souf-
frirons pas de ta part l'inimitié et le dérègle-
ment. C'est ainsi qu'ont agi nos ancêtres avant
nous. Ils ont jeté dans un puits, aux assemblées
de Mora, cinq rois pleins de présomption comme
toi aujourd'hui en face de nous. Et dis maintenant, sur le champ, ce que tu veux choisir. »

La foule donne bruyamment son approbation
et brandit les armes en une attitude menaçante.

Le roi comprend qu'il n'a qu'à se soumettre.
C'est ce qu'il fait promptement en des termes
déférents, faisant droit à la volonté du peuple.
Les clameurs de la foule s'apaisent. Les chefs,
le roi, le jarl et Torgny prennent ensuite tour à
tour la parole. Au nom du roi de la Suède, les
conditions de la paix et de la concorde sont
réglées et fixées en tout conformes aux avances
et aux demandes du roi de la Norvège. Comme
gages de fidélité le roi s'engage à donner sa
fille Ingegerd en mariage à Olaf Haradsön. Le
roi lui-même confirme à nouveau ses promesses
au jarl Ragnvald, lui serre la main en signe de
sincère assentiment et le charge des arrange-
ments utiles à cette fin.

En retournant au Gautland, Ragnvald, plein
de joie et fier d'avoir si bien réussi, fait une
visite à Ingegerd et lui fait part du succès
obtenu. La princesse, heureuse, elle aussi, des
décisions prises, envoie par l'intermédiaire de
Björn, en signe de pleine adhésion et de consentement, un cadeau à Olaf, consistant en un man-

teau royal d'étoffe fine, bordé d'or et muni de bandelets de soie. Le séjour de Björn chez Ragnvald, au Gautland, fut très court. Il avait hâte de retourner en Norvège, où l'attendaient les compliments et la chaleureuse reconnaissance d'Olaf pour le succès de la mission qu'il avait si bien su mener à bonne fin à force d'énergie et de persévérance.

Au printemps, Olaf fit de grands préparatifs pour aller au devant de sa fiancée avec une grande flotte, à laquelle il invita tous les grands seigneurs de Viken, de Lindesnes et du Hordaland à prendre part avec leurs navires et leurs équipages. Le mariage devait avoir lieu en automne sur les frontières des deux pays.

XXXVII

Le Sort de Rörek

Entre temps le roi aveugle Rörek donna à Olaf des occupations moins agréables. Il avait gardé Rörek auprès de lui et le traitait avec beaucoup d'égards. Il lui faisait même décerner les honneurs royaux. Cependant Rörek ne pouvait oublier l'injure qui lui avait été infligée et sa défaite. Il ne songeait donc, quoique aveugle, qu'à trouver les moyens de se venger. Il inventa mille supercheries pour déjouer la surveillance de ses gardiens et pour se faire entourer d'hommes auxquels il pouvait avoir confiance et qu'il avait espoir de pouvoir suborner. Un des premiers qu'il gagna à sa cause était Svein, qu'Olaf, le croyant fidèle, avait constitué comme son gardien. Rörek parvint même à lui persuader de tuer Olaf. Mais au moment de commettre le crime, le regard pénétrant d'Olaf le subjugua et le convertit. Svein pâlit, laisse tomber son arme et, repentant, se jette aux pieds du roi, lui confessant son crime et mettant sa vie entre ses mains. Olaf le mit d'abord dans les fers, mais lui pardonna ensuite, le grâcia et lui permit de quitter le pays sans autre châtiment.

Cet événement décida Olaf d'éloigner Rörek de la cour et de le faire garder par des hommes plus éprouvés. Rörek imagina d'autres stratagèmes. Recevant toujours largement d'Olaf ce dont il avait besoin pour sa subsistance, il avait même de quoi faire des largesses. Il en profita pour gagner la confiance de son entourage, surtout en leur versant à boire. Il se montra fort gai dans leur compagnie et envers tous, et personne ne soupçonna qu'il entretenait des relations secrètes avec Sigurd Hit, l'ancien chef de sa cour. De concert avec celui-ci il organisa sa fuite, qu'il entreprit au milieu de la nuit, pendant que tout le monde dormait profondément après les abondantes libations qu'il leur avait fait servir le soir. Hit avait reçu de lui le mot d'ordre et, avec une poignée d'hommes, il se tint prêt en embuscade. Rörek se fait conduire au dehors par ses deux gardiens qu'il fait assassiner par les hommes embusqués et s'embarque avec eux sur deux bateaux qu'on avait tenus prêts.

Cependant, quelques minutes plus tard, Sigvat découvre les deux cadavres et la fuite de Rörek. Aussitôt il fait réveiller le roi en sonnant le glas.

Surpris de la sonnerie insolite dans la nuit, le roi demande ce que cela signifie. On lui apprend ce qui s'est passé et immédiatement il ordonne la poursuite des fuyards, qui furent bientôt rejoints. Hit et ses hommes parviennent à s'enfuir dans les bois tandis que Rörek abandonné est pris et ramené à Olaf qui le prend sous sa surveillance personnelle.

Au jour de l'Ascension, Olaf conduit Rörek à l'église et le met à ses côtés. A un moment donné Rörek appuie sa main fortement sur les épaules d'Olaf : « Vous portez de fins vêtements aujourd'hui », fit-il. Olaf, ne se doutant de rien, lui en explique la raison. C'était un grand jour de fête, l'Ascension de Notre-Seigneur. Rörek fait semblant de ne pas bien comprendre ce mystère. Mais au moment de l'élévation, Olaf, pénétré de foi et absorbé dans le mystère, étend ses bras et s'incline profondément devant l'Eucharistie. Rörek s'en aperçoit et, profitant du moment, se jette sur lui et s'efforce de le percer de son couteau. Il n'atteint cependant que le manteau, qui avait glissé des épaules du roi. Ayant deviné l'intention de Rörek, Olaf fait un pas en avant et regarde le forcené qui brandit encore une fois son arme en s'écriant : « Mais quoi, Olaf le gros, tu fuis devant moi qui suis aveugle. »

Olaf voit alors qu'il ne peut plus garder Rörek et le fait éloigner. On lui conseille fortement de mettre fin à ses intrigues continuelles en le faisant mettre à mort. Car, de toute manière, Rörek était un homme dangereux, et jamais le roi ne pouvait vivre en sûreté tant que Rörek avait la faculté de tramer ses complots et ses attentats. Olaf se refusa cependant de le faire tuer. « J'ai bien épargné, dit-il, la vie des cinq rois que j'ai capturés et qui tous sont de ma parenté. Je ne veux pas tremper ma main dans le sang de celui-ci. » Il préféra l'envoyer en exil. L'occasion s'en présenta bientôt et Rörek fut transporté par Toraren Nevjolsön en Islande, où il vécut relativement heureux et mourut trois ans plus tard après avoir changé trois fois de maître.

XXXVIII

Olaf va à la rencontre de sa Fiancée
Sa Déception

Débarrassé ainsi de Rörek, Olaf partit avec une flotte brillante composée de navires venus de toutes parts et montés d'équipages choisis et distingués, reluisants d'armes et d'habits de luxe. Arrivé à Konghelle où il devait rencontrer sa fiancée royale, Ingegerd, personne ne pouvait lui dire pourquoi la fille du roi de Suède n'était pas venue comme il était convenu. En vain Olaf demandait des renseignements partout. Pas même le jarl Ragnvald pouvait dire pour quels motifs le roi de Suède ne lui amenait pas sa fille. — A la cour d'Olaf Eriksen, en Suède, on s'étonnait également de ce que le roi ne fît aucun préparatif, mais personne n'avait le courage de lui en demander la raison. Ingegerd elle-même était attristée de la conduite étrange et

incompréhensible de son père, mais, malgré les
insistances des courtisans, elle ne put se résoudre à lui poser les pénibles questions.

XXXIX

Déception d'Ingegerd

Un beau matin le roi, venant de la chasse,
après que son faucon, en deux vols rapides,
avait abattu cinq coqs de bouleau, montra fièrement
son butin à sa fille, et tout heureux de
son brillant succès de Nemrod il lui dit :
« Connais-tu bien un roi qui ait jamais eu une
capture aussi nombreuse en si peu de temps? »
La réponse de la princesse jaillit prompte et
ingénue, comme un trait, des préoccupations de
son cœur : « Belle capture d'une matinée, Monseigneur, dit-elle, cinq coqs de bouleau d'un seul
coup! Mais Olaf, le roi de la Norvège, lui, a
fait davantage : il a pris cinq rois et conquis
leurs royaumes en un seul matin. »
Il n'en fallait pas davantage. D'un seul bond le
roi furieux saute de cheval et d'une voix vibrante
de colère il apostrophe sa fille : « Sache bien,
Ingegerd, quelle que soit ton inclination pour ce
gros homme, tu ne l'auras jamais. Je te donne-
rai en mariage à un souverain à qui, moi aussi,
je puis accorder mon amitié. Mais jamais il ne
me sera possible de me faire l'ami de cet homme
qui a pris mon royaume par les armes et qui
m'a infligé des dégâts par la rapine et par la
mise à mort de mes sujets. »

Cette fois la princesse était fixée sur les intentions de son père. Elle ne pouvait plus en douter. Elle fit savoir à Ragnvald ce qui venait de se passer, ce qui signifiait clairement que son père avait rompu sa parole et que Ragnvald pouvait attendre des représailles du côté de la Norvège, contre laquelle il fallait se mettre en garde. Ragnvald avertit son peuple et envoya une députation à Olaf pour le mettre au courant des nouvelles qu'il avait reçues et en même temps lui donner l'assurance de son amitié et de sa fidélité en le priant d'épargner son royaume.

Olaf fut tout à la fois irrité et attristé. Il tint conseil avec ses hommes. Le maréchal Björn se lève et fait le récit de ses démarches qui, avec l'aide du puissant Torgny, les insignes services de Ragnvald et l'apparente bonne volonté du roi de Suède, avaient abouti à la célèbre convention d'Upsal, approuvée et applaudie par toute la foule. « Il n'y a donc aucun doute que c'est bien le roi qui est coupable de la rupture et que le jarl Ragnvald ne peut pas en être rendu responsable. Par suite de ce revers, le roi de Norvège demande aujourd'hui à ses seigneurs et à ses chefs d'armées leurs avis pour savoir ce qu'il convient de faire. Faut-il, avec les hommes qui sont ici, aller ravager le Gautland ou non? »

Tous étaient d'accord que le roi de la Suède mériterait un sévère châtiment pour son manque de parole, et qu'une irruption armée dans le Gautland serait parfaitement justifiée. Mais les hommes qui sont venus ici, quoique puissants et courageux, n'étaient cependant pas ceux qu'il fallait pour porter les armes dans le Gautland. Il valait mieux se servir de la fougueuse jeunesse et d'hommes qui avaient besoin de pillage pour se faire une fortune. Olaf exprima son assentiment à cet avis et donna à chacun la permission de retourner chez lui. Tous approuvèrent le projet d'appeler, pour l'été prochain, les hommes de tout le pays sous les armes pour marcher contre le roi de la Suède. On se sépara et Olaf alla établir son quartier d'hiver à Viken.

XL

Fiançailles et Mariage d'Olaf avec Astrid

Sigvat, scalde fidèle d'Olaf, s'offrit d'aller trouver Ragnvald dans le Gautland dans l'intention de se rendre compte des courants d'opinions et de sentiments des esprits en Suède et dans l'espoir un peu vain de trouver malgré tout quelques moyens de renouer les liens rompus. Olaf y consentit volontiers, d'autant plus qu'il tenait beaucoup à la princesse Ingegerd.

En route Sigvat ne sembla avoir rencontré que des gens inhospitaliers qui le mirent à la porte sous le prétexte qu'ils étaient en train d'offrir des sacrifices à leurs dieux. Mais à la cour de Ragnvald il fut fort bien reçu et y fit un long séjour. Il apprit que le prince de Kiew et de Novgorod avait envoyé demander en son nom la main d'Ingegerd et que le roi de Suède avait accepté la demande favorablement. Les

espérances de ce côté s'évanouirent donc complètement.

En même temps arrivait à la cour de Ragnvald Astrid, la sœur d'Ingegerd. Elle était belle
et bien douée, mais fille illégitime du roi de la
Suède. Sigvat s'était bientôt convaincu qu'Astrid
n'était pas indigne de son maître et qu'elle
remplacerait non sans avantage Ingegerd dans
les aspirations du cœur d'Olaf. Ragnvald en
jugea de même et de plus il affirma que le plan
était réalisable sans qu'on eût besoin de demander le consentement du roi de la Suède. Astrid,
qui fut consultée, se rangea pleinement à cet
avis.

Sigvat retourne donc en Norvège, fait part à
Olaf de ce qu'il avait appris concernant Ingegerd. Il lui parle d'Astrid qui, au sentiment de
tous les hommes compétents, égalait bien sa
sœur, et lui assure que Ragnvald était certainement son ami et qu'il le serait toujours. Tout
espoir d'épouser Ingegerd étant perdu, Olaf, ami
de la paix, se laissa facilement persuader de
prendre Astrid à sa place.

Après les fêtes de Noël, Olaf envoie une députation secrète à Ragnvald avec des présents et
l'invitation de venir le voir à Sarpsborg. Aussitôt Ragnvald se met en route avec la fille du roi
et une centaine d'hommes brillamment équipés.
Olaf n'omit rien pour leur faire une réception
royale dans un logement magnifique. Après
quelques jours passés en fête, Ragnvald entreprend, suivant l'usage, les fiançailles solennelles
entre Olaf et Astrid, et lui adjuge la même dot
que devait apporter Ingegerd. Le pacte fut célé-

bré ensuite par des festins encore plus brillants que ceux qui avaient précédé, et finalement le mariage eut lieu avec une grande somptuosité. Ragnvald quitta Olaf comblé de présents après avoir conclu avec lui une amitié réciproque intime qu'ils gardèrent toute leur vie.

Peu après, Ingegerd, de par la volonté de son père, fut unie au prince Jaroslaw. Mais la princesse avait mis des conditions à son assentiment. Elle demanda en dot le château d'Aldeigja et le royaume qui y attenait. De plus elle exigea qu'on lui permette de prendre avec elle l'homme du royaume qu'elle jugeait le plus digne de l'accompagner. On lui accorda tout. Sur la demande de son père de lui faire connaître l'homme qu'elle désirait emmener avec elle, Ingegerd désigna le jarl Ragnvald, son parent. « J'ai réservé un autre sort à cet homme », s'écrie le roi. « Je veux le faire pendre cet été, pour avoir osé donner ma fille Astrid au gros homme qui est mon plus grand ennemi. » Ingegerd ne se rend pas, et elle fait tant d'instances auprès de son père qu'il finit par lui permettre d'emmener Ragnvald en paix. Ingegerd en informe aussitôt le jarl et le fait prier de venir se joindre à elle. Ragnvald s'empresse de réunir ses biens meubles dans ses navires et de suivre Ingegerd à Gardarike, où la généreuse princesse lui fait don du château et du royaume qu'elle avait obtenus en dot.

XLI

Châtiment du roi de Suède, Olaf Eriksen

Après toutes ces dispositions du roi Olaf Erikson, contraires aux décisions de l'assemblée d'Upsal, la fermentation populaire augmenta de jour en jour dans le pays et prit un caractère révolutionnaire nettement hostile au roi. Dans le Gautland on était indécis. On n'osait pas se soumettre ouvertement au roi de la Norvège parce qu'on craignait les représailles du roi de la Suède. Le peuple se décida à tenter encore la voie de la conciliation et en chargea Edmond de Skara, homme de loi et l'homme le plus influent du Gautland après le départ de Ragnvald, fidèle interprète et gardien des lois du pays. Edmond partit pour Upsal. Le long du chemin il eut des conférences et fit des conventions avec tous les seigneurs de la Suède qu'il rencontrait. Arrivé à Upsal il se présente devant le roi entouré de son conseil. Le roi lui demande des nouvelles et le sujet de son voyage. « Je viens, dit Edmond, chercher auprès de vous la solution dans des affaires difficiles où la loi d'Upsal diffère de celle du Gautland. » Le roi le pria de lui exposer le cas.

« Il y avait, dit Edmond, deux hommes, égaux de naissance mais inégaux en fait de richesses et de dispositions d'esprit. Ils se querellèrent ensemble à propos de terres et se causèrent

mutuellement beaucoup de dégâts, le plus puissant en causa le plus, jusqu'à ce que leurs querelles furent arrêtées et jugées par une assemblée publique de tout le peuple. Le plus puissant
fut condamné à payer. Mais à la première
échéance il paya des oisons au lieu des oies,
des cochonets au lieu de gros porcs, et au lieu
d'une livre d'or pur il apporta une demi-livre
d'or mêlé d'une demi-livre d'argile et d'autres
impuretés, et encore menaçait-il de maltraiter
celui qui acceptait tout cela. Comment jugez-
vous cela, Monseigneur? » — Le roi prononce
son verdict: « Il doit payer intégralement tout
ce à quoi il a été condamné, mais au roi trois
fois plus. S'il n'a pas payé avant la fin de l'année il doit être mis hors la loi, quitter tous ses
biens, dont la moitié revient au roi et l'autre
moitié au créancier. » Edmond prend pour
témoins les plus grands seigneurs présents, salue
le roi et quitte l'assemblée.

Le lendemain le roi se réveille préoccupé du
cas d'Edmond qui l'intrigue fort. Il fait appeler
ses conseillers qui se tenaient toujours près de
lui. Parmi ces conseillers, il y avait trois frères,
dont l'un était bègue et ne pouvait dire deux
mots de suite, l'autre était presque aveugle et
le troisième était moitié sourd, mais tous les
trois possédaient une prudence et une sagesse
remarquables. Le roi leur demanda s'ils pouvaient bien lui dire ce que le cas du *lagmand*
Edmond devait signifier. En peu de temps les
six conseillers présents avaient exposé au roi
que, par sa sentence de la veille, il avait
condamné sa propre conduite, que le **pays** était

7

en ébullition par suite de son entêtement à renier sa parole, qu'il était abandonné de tous, que la révolution montait à grands pas, et que déjà le javelot de guerre faisait la ronde dans le pays. Le meilleur conseil qu'ils pouvaient lui donner pour le moment, c'était de prendre au plus vite toutes les mesures pour enrayer le mouvement, si ce n'était pas déjà trop tard, et d'envoyer des hommes sûrs et capables parlementer avec les chefs de l'insurrection pendant que lui-même s'efforcerait de lever une armée.

Pour le coup, le roi pâlit et prit peur. Il pria les trois frères de l'assister et leur donna plein pouvoir de parlementer en son nom avec les insurgés. L'un d'eux resta auprès du roi, les deux autres prirent avec eux son fils et partirent au devant des ennemis. Ils trouvèrent l'insurrection plus avancée qu'ils ne le pensaient. Pour l'endiguer ils ne voyaient pas d'autre moyen que de se mettre résolument de la partie. Et ils y jouèrent leur rôle si bien qu'ils furent élus et considérés comme chefs des insurgés, et leurs conseils, toujours marqués au coin de la sagesse et de la prudence, prévalurent facilement. Voyant que la déchéance du roi était inévitable, ils firent, non sans difficultés, proclamer roi son fils et lui donnèrent le nom d'Aanund, plus suédois que Jacob, son nom de baptême. Par cet arrangement ils purent encore conserver le royaume à la dynastie régnante. Sur leur proposition, on consentit aussi à laisser au père une partie du royaume sous l'autorité de son fils, mais à condition de s'entendre au plus tôt avec le roi de la Norvège. C'est ainsi

que le fier monarque fut contraint de venir
s'incliner humblement devant Olaf, le roi de la
Norvège, et de lui demander la paix.

XLII

Olaf pardonne à son ennemi déchu

Olaf, toujours disposé à la paix, n'eut pas de
peine à la conclure à Konghelle avec le roi
humilié de la Suède, devenu tout à coup flexi-
ble, condescendant et disposé à tout. La bonho-
mie et la droiture avec laquelle les deux
souverains établirent la paix était telle, qu'ils
convinrent de résoudre par le sort la nationalité
d'une commune limitrophe que le destin avait
attribuée tantôt à la Norvège, tantôt à la Suède.
Le petit mais charmant épisode de cette scène
de pacifisme nous a été conservé par Snorre.
Par sa simplicité même il met en relief les
nobles et religieux sentiments d'Olaf. Snorre le
raconte ainsi : Le roi de la Suède jette le premier les deux dés. Tous les deux montrent six.
Triomphalement il dit à Olaf : « Il est inutile à
présent de les jeter à ton tour. » Olaf saisit
tranquillement les dés et dit en les secouant dans
sa main : « Il y a toujours deux six dans les
dés et pour le Seigneur mon Dieu il est facile de
les faire apparaître de nouveau. » Il jette les
dés sur la table et les deux six reparaissent. Le
roi de la Suède les jette encore une fois et de
nouveau il découvre les deux six. Olaf répète le
geste à son tour. Un dé marque six points,

l'autre se divise en deux moitiés dont l'une marque six et l'autre un point. Olaf avait gagné et la commune lui fut adjugée. C'est ainsi que fut conclue la paix entre les rois de la Norvège et de la Suède au printemps de l'année 1019.

XLIII

La Conversion du Haalogaland

La paix conclue, Olaf partit pour Trondhjem où il passa l'hiver. Dans cette ville il eut l'occasion de se soumettre pacifiquement les îles des Orcades, qui autrefois avaient été conquises par Harald Haarfagre (Harald aux beaux cheveux), mais qui dans la suite s'étaient peu à peu détachées de la Norvège. Ayant appris que le peuple au nord de Trondhjem croupissait encore dans le paganisme, il entreprit, l'été suivant, 1020, un voyage dans la contrée et fit admettre partout la foi et les lois chrétiennes, comme il avait fait ailleurs. Partout il fut bien accueilli par la population, qui passa au Christianisme sans grandes difficultés.

A la fin de l'été l'œuvre de conversion fut terminée et Olaf rentra à Trondhjem. Cette année Trondhjem et le nord étaient éprouvés par la disette. La superstition fit croire au peuple que c'était la vengeance des dieux irrités de ce que les gens du Haalogaland les avaient abandonnés et avaient passé au Christianisme. Pour calmer leur courroux ils avaient repris les usages des fêtes païennes du nouvel an avec leurs sacrifices, leurs festins et surtout leurs copieuses libations. Ces contraventions à la loi chrétienne furent rapportées à Olaf. Il fit appeler les chefs auprès de lui et leur en demanda raison. L'un d'eux, Aalve d'Egge, parlant au nom de tous, nia le bien fondé de l'accusation et assura qu'il ne s'agissait que de fêtes ordinaires entre parents et amis et qu'ils ne pouvaient pas être responsables de ce que des hommes ivres par hasard pouvaient dire et faire. Olaf se tint satisfait de ces explications et les laissa partir tout en leur donnant de sérieux avertissements.

Plus tard des gens vinrent dire à Olaf que le peuple était de nouveau en fête à Mæren en l'honneur des dieux qu'ils imploraient par des sacrifices à leur procurer la paix et le beau temps. Encore une fois Olaf fit venir les chefs et leur demanda ce qu'il en était. Aalve trouva de nouvelles explications sans toutefois réussir à dissiper les doutes du roi. Olaf les renvoya en leur déclarant qu'il saurait bien découvrir la vérité, mais en tout cas ils devaient se garder de recommencer.

Après les fêtes de Pâques qu'Olaf, avec grande pompe, avait célébrées à Trondhjem, le roi fit mettre en état ses bateaux et les tint prêts à la rade. Il envoya à Toralde, qui administrait la ferme royale à Verdalen, l'ordre de venir à lui. Olaf lui demande ce qu'il en était des accusations. Toralde hésitait à lui répondre. Le roi lui enjoint de dire toute la vérité, comme c'était son devoir, étant engagé à son service. Ne pouvant plus échapper, Toralde veut bien faire son devoir, mais il prie le roi de prendre sous sa protection lui et sa famille. Alors, rassuré par la promesse du roi, Toralde lui raconte que le peuple était presque entièrement païen, quoiqu'il y eût quelques hommes de baptisés. Ils célébraient des sacrifices en automne pour saluer la venue de l'hiver, une solennité analogue au milieu de l'hiver et une autre les premiers jours d'été pour en saluer la venue. On se rassemble de toutes les provinces avoisinantes pour y participer. Douze hommes sont à la tête des festins. En ce moment c'est Aalve lui-même qui dirige les préparatifs et il a beaucoup à faire à Mæren pour y faire transporter tout ce qui est nécessaire pour la solennité.

Ne pouvant plus douter de l'infidélité des chefs ni de la gravité du mal, Olaf fait donner le signal du départ à ses guerriers. Trois cent soixante hommes prennent place dans les cinq bateaux en rade. Rapidement les pilotes et les chefs sont désignés par Olaf et bientôt le vent et les rames s'unissent en un même effort pour emporter la flotte à travers le fjord vers Mæren, où elle aborde en surprise au milieu de la nuit. Les maisons sont cernées en un clin d'œil. Aalve est pris et mis à mort avec beaucoup d'autres de ses complices et leurs biens sont confisqués. D'autres sont mis en prison ou chassés du pays. Un certain nombre se dérobe par la fuite. N'ayant plus de chefs, le peuple n'eut plus la possibilité de se soulever et de résister. Olaf le fit instruire des vérités de la foi, fit administrer le baptême à ceux qui ne l'avaient pas encore reçu, leur donna des prêtres et prit soin de leur

faire construire des églises. L'œuvre terminée
il revint à Trondhjem.

XLIV

La Conversion du Romsdal
et du Gudbrandsdal

En 1021, Olaf traverse le Romsdal et le Gudbrandsdal pour instruire les seigneurs et le peuple de ces contrées dans les saintes vérités du
Christianisme, construire des églises et y établir
des prêtres. Ceux qui refusaient de se convertir
à la foi durent quitter le pays ou subir d'autres
châtiments. Quand les chefs convertis n'inspiraient pas pleine confiance, Olaf s'assurait de
leur fidélité en prenant leurs fils en otages.

Gudbrand, roi du Gudbrandsdal, ayant appris
l'approche d'Olaf et ne voulant pas subir la
contrainte qu'il exerçait pour imposer le Christianisme aux habitants, fit rassembler à la hâte
son peuple et l'engagea à s'opposer au conqué-
rant. Tous se mirent d'accord à suivre Gudbrand
et à défendre leurs dieux. Le fils de Gudbrand,
un jeune homme de dix-huit ans, fut chargé
d'aller au devant d'Olaf à la tête d'une armée
de neuf cent soixante hommes, tous bien aguer-
ris et courageux, et de surveiller sa marche. Un
bon nombre d'autres guerriers se joignirent
encore à cette troupe à Breiden.

Ayant fait une grande marche et poussé le
camp de son armée jusqu'à Sel, où il établit le
quartier de la nuit, Olaf apprend ce qui se passe

à Breiden. Le matin il met son armure, donne ses ordres à l'armée et en marche forcée il fond sur Breiden. Là il se trouve en face de la grande armée ennemie toute disposée au combat. Aussitôt Olaf range la sienne et marchant à la tête il invite les ennemis à recevoir le Christianisme. Ceux-ci se mettent à lui crier: « Tu auras aujourd'hui autre chose à faire qu'à nous insulter. » En même temps ils poussent des cris de guerre et de leurs armes ils frappent sur leurs boucliers en signe de défi. L'armée du roi se précipite en avant et lance une grêle de javelots. Le choc est si fort et la surprise si imprévue que toute l'armée ennemie tourne le dos et prend la fuite. Le fils de Gudbrand est pris et emmené à Olaf, qui lui fait quartier et le garde auprès de lui pendant quatre jours. Puis il le renvoie avec ces mots : « Retourne à ton père et dis-lui que je viendrai bientôt. »

Les nouvelles que le fils apporta n'étaient pas du goût de son père. Il ne pouvait lui conseiller que de s'entendre avec Olaf et de se soumettre, « car jamais, dit-il, tu ne pourras lui résister avec ta petite armée ». Mais Gudbrand ne voulut point entendre de cette oreille. Il reprocha à son fils d'avoir perdu tout courage et se hâta de préparer une forte résistance.

Cependant la nuit suivante Gudbrand eut un songe. Il vit un homme lumineux qui lui prédit sa défaite et celle de son armée s'il persistait à vouloir résister à Olaf, et que leurs cadavres seraient dévorés par les loups et les vautours. Cette vision lui inspira de la crainte et il la raconta à Tord Istermage, un des chefs de l'armée. — « J'ai eu le même songe », lui répond Istermage. — Ils n'eurent donc plus le courage de porter les armes contre Olaf, mais prirent le parti de parlementer avec lui et d'entendre les vérités qu'il leur annoncerait. Gudbrand députa son fils avec douze hommes à Olaf pour lui demander une armistice et une conférence. Olaf l'accorda très volontiers.

Le premier jour du rendez-vous le ciel était couvert et il pleuvait beaucoup. Cela n'empêcha pas Olaf de se présenter et de leur expliquer comment de nombreuses provinces ont adopté le Christianisme et croient aujourd'hui au vrai Dieu, créateur du ciel et de la terre, tout-puissant et sachant tout.

Gudbrand lui répond : « Nous ne savons pas de quel Dieu invisible tu nous parles. Au moins nous pouvons voir le nôtre. Aujourd'hui il n'est pas dehors parce qu'il pleut. Mais quand tu le verras au milieu de nous, certainement tu ne pourras t'empêcher d'avoir peur. Puisque tu nous dis que votre Dieu est tout-puissant, fais qu'il arrange le temps de manière à ce que le ciel reste bien couvert de nuages mais sans pluie, et revenons alors au rendez-vous ici. » Puis on échangea des otages : Olaf garda le fils de Gudbrand et celui-ci reçut un homme d'Olaf.

Comment votre Dieu est-il fait? demande Olaf, le soir, au jeune homme. « Il est fait à la ressemblance de Tor et tient un marteau à la main ; il est d'une grande taille, creux à l'intérieur et debout sur un socle. Il ne manque pas de parures, soit en or, soit en argent. On lui apporte chaque jour quatre pains et de la viande. »

Olaf, profondément affligé de l'aveuglement de
ce peuple dans son erreur, implore la miséricorde de Dieu et passe la nuit en prières. Le
matin il assiste à la messe et, après une frugale
réfection, il se rend au rendez-vous avec ses
hommes. Le temps était tel que Gudbrand l'avait
demandé. L'évêque, revêtu de ses ornements,
mitre en tête, la houlette à la main, explique les
mystères de la religion et les merveilles de la
révélation.

Tor Istermage fait de nouvelles objections :
« Cet homme cornu, au bâton recourbé en forme
de corne de bélier nous a dit bien des choses.
Mais puisqu'il affirme que votre Dieu peut faire
tout, dites à ce Dieu, toi et celui qui a parlé,
qu'il mette demain le temps au beau et fasse
briller le soleil dans un ciel clair, puis, revenons ici prendre la décision définitive, ou de
nous mettre d'accord ou de nous battre. » C'était
un défi hardi au Dieu des chrétiens. Olaf n'eut
pas la présomption de s'y associer. Son sentiment de foi profonde et son humilité l'en empêchaient. Il accueille donc la proposition comme
il convenait, sans dire un mot, et la séance est
levée.

Olaf savait qu'il ne fallait pas tenter Dieu.
Dès ce moment il s'applique donc à prendre les
mesures en vue de la séance du lendemain et
de la décision à prendre. A Kolbein, guerrier
aux forces herculéennes, toujours armé d'un
gros gourdin, il dit de se tenir près de lui à la
séance du lendemain. A d'autres il donne l'ordre
d'aller trouer pendant la nuit les bateaux des
paysans, d'éloigner leurs chevaux des écuries

et de les cacher. Ce qui fut fait. Il ne négligea cependant pas d'implorer l'aide de Dieu. Pendant toute la nuit il resta en prière, suppliant Dieu de l'assister de sa miséricordieuse bonté dans cette difficile affaire, de montrer, s'il le jugeait à propos, sa toute-puissance à ce peuple rebelle et endurci et de lui donner la force de briser enfin les liens qui le retenaient encore sous l'empire des faux dieux et des démons.

Le jour venu Olaf assiste à la messe comme toujours, pour se recommander de nouveau à la volonté de Dieu, puis se rend à Hundorp, résidence de Gudbrand et endroit de la séance. Il n'y avait encore que peu de monde. Mais bientôt on voit arriver un grand cortège de paysans portant entre eux une grosse statue à figure d'homme toute reluisante d'or et d'argent. Ceux qui avaient déjà pris place se précipitent maintenant à leur rencontre et s'inclinent respectueusement devant le simulacre qu'on érige enfin au milieu de la place. Les paysans se rangent d'un côté, le roi et ses guerriers de l'autre.

Le premier orateur, Gudbrand, s'avance, fixe hardiment le roi dont la modeste attitude lui paraissait être une faiblesse et l'apostrophe en ces termes : « Roi ! où est maintenant ton Dieu ? Tu gardes ta barbe baissée ! Il me semble que tu n'es plus si présomptueux que l'autre jour, ni l'homme aux cornes à vos côtés que vous appelez évêque. Car notre dieu, maître de tout, est venu et vous fixe de ses regards perçants, et je vois que, plein de terreur, vous n'osez pas lever les yeux. Rejetez maintenant votre superstition et croyez à notre dieu qui vous tient tous dans sa main. »

Olaf se penche vers Kolbein et lui souffle à l'oreille : « Si, pendant mon discours il arrive que les paysans détournent leurs yeux de leur idole, hâte-toi de lui asséner un coup aussi fort que possible de ton gourdin. » Puis il se lève et, d'une voix sonore, il prononce le discours que lui dicte l'esprit de Dieu : « Tu nous as dit bien des choses ce matin, Gudbrand. Tu es étonné de ne pas voir notre Dieu. Mais nous l'attendons et il viendra bientôt. Tu veux nous inspirer de la crainte de ton dieu qui est aveugle et sourd, qui ne peut ni se sauver ni sauver les autres et qui est incapable de se mouvoir sans être porté. Sous peu il lui arrivera un malheur. Levez à présent les yeux, regardez à l'est : voici que notre Dieu passe accompagné d'une grande lumière. » Le soleil venait de monter à l'horizon.

Tous les paysans se tournent vers le soleil levant. Au même instant un coup de gourdin retentit, l'idole s'effondre en mille éclats et jonche la place de ses débris, entre lesquels courent des rats et des serpents échappés de l'intérieur. Remplis d'épouvante les paysans se mettent à fuir. Les uns se précipitent vers leurs bateaux, les autres vers leurs chevaux. Mais les bateaux troués se remplissent d'eau et les chevaux restent introuvables. La fuite devient impossible. Le roi les rappelle alors et dit qu'il veut leur parler. Ne pouvant s'échapper, force leur fut de revenir à la séance.

Les paysans ayant repris leur place, le roi leur tient ce discours : « Je ne comprends pas pour quel motif vous êtes si terrifiés et pourquoi vous courez tant. Voyez maintenant

ce que vaut votre dieu auquel vous avez apporté
de l'or, de l'argent et de la nourriture. Là, vous
voyez ceux qui en ont profité, les rats et les serpents qu'il recelait. Ce sont ceux qui sont atta-
chés à une pareille superstition et qui ne veulent
pas quitter une telle erreur qui sont le plus à
plaindre. Ramassez votre or et votre argent
répandus sur le sol. Apportez-le à vos femmes
et n'allez plus le suspendre à des simulacres de
bois ou de pierre. Mais à présent, ainsi qu'il fut
convenu, il vous reste à choisir entre le Christianisme et la bataille. Dans le dernier cas nous
verrons quel Dieu est capable de donner la
victoire à ses fidèles qui croient en lui. »

Gudbrand avait perdu sa grande assurance.
Il ne put éviter de s'expliquer. Il se lève : « La
perte de notre dieu laisse un vide immense.
Mais puisqu'il n'a pas pu nous secourir, nous
allons croire au Dieu que tu adores. » L'évêque
Grimkel donna le baptême à Gudbrand et à son
fils et leur laissa des prêtres. Gudbrand lui-même
fit bâtir une église qui subsista jusqu'en 1787.

XLV

La Conversion du Hedemark
du Hadeland
du Ringerike et du Romerike

Olaf n'eut point de repos avant d'avoir achevé
son œuvre et converti tout le pays au vrai Dieu.
Il se hâta donc de parcourir le Hedemark, Toten,

le Hadeland, le Ringerike et le Romerike, qu'il convertit successivement à la foi. Aussi au Romerike les paysans s'étaient rassemblés pour lui résister par les armes. Mais au premier choc leurs troupes furent taillées en pièces, après quoi ils s'empressèrent de se soumettre à la foi et de recevoir le baptême. Les coups les firent venir à récipiscence et à la sagesse.

Ce grand travail l'avait absorbé tout l'hiver. Au printemps de 1022 il revint à ses bateaux et se rendit à Tönsberg et à Viken. Au sud de la Norvège il y avait abondance tandis que la disette continuait à ravager le nord. Pour obvier à la famine Olaf fit proclamer la, défense générale d'exporter des denrées. Il aggrava encore l'obligation du peuple à retenir et à épargner leurs petites provisions en faisant annoncer son prochain voyage au nord. Le voyage n'eut pas lieu et ainsi les provisions durèrent davantage.

XLVI

Un Généreux pardon

Entre temps, Olaf Eriksen, en Suède, était mort et son fils, Aanund, lui succéda. Einar Tambeskjelve, homme influent qui a joué un rôle important dans la vie d'Olaf, pour se soustraire à la domination de celui-ci s'était réfugié en Suède, où il était devenu l'homme lige du roi qui lui donna des terres et des sujets. Après la mort d'Olaf Eriksen il revint en Norvège et se réconcilia avec Olaf qui le reçut paternellement et lui remit les terres et les revenus qu'il possédait autrefois à Tjötö. Dans cette réconciliation Olaf laisse apparaître l'esprit magnanime dont il est animé, en vrai disciple de celui qui nous a appris à pardonner les injures et à ne garder aucune rancune contre les ennemis. C'est ce qui lui donna aussi un ascendant incroyable sur les puissants seigneurs de son royaume. Profitant de cette ascendance et guidé du reste par la prudence extraordinaire de son esprit, il sut réconcilier les deux cousins rivaux Erling Skjalgsön et Aslak Fitje-skalle Askelsön, qui ne pouvaient vivre en paix l'un à côté de l'autre, et à se supporter mutuellement.

XLVII

La Tragédie émouvante d'Asbjörn

Le paganisme régnait encore toujours dans le Nord et les fêtes païennes continuaient leur train. Les trois fêtes principales, l'une au commencement de l'hiver, l'autre à Noël et la troisième au printemps, étaient accompagnées d'abondants repas et de copieuses libations, au milieu de cérémonies religieuses, et attiraient toujours beaucoup de monde. Malgré la famine, les grands seigneurs s'adonnaient à ces usages dispendieux d'idolâtrie. L'un d'eux, Sigurd de Trondenes, et après lui son fils Asbjörn, se faisaient surtout remarquer par leurs somptueux et prodigues festins, même après plusieurs années

de récoltes manquées et de grande famine.
Quand il n'y avait plus, rien à acheter dans le
pays, Asbjörn sut se procurer, malgré la défense
d'Olaf, une cargaison de vivres fournis par son
parent Erling Skjalgsön à Sole. Cependant cette
infraction à la loi ne lui profita guère. Avant
de revenir à Trondenes il fut dépouillé de sa
cargaison de vivres à Karmö par Tore Sel,
homme d'un rang bien inférieur, mais fort de la
conviction d'agir en conformité avec la volonté
d'Olaf en empêchant le commerce illicite d'Asbjörn. Tore ajouta encore le mépris à la confisca-
tion en enlevant la belle voile neuve du bateau
d'Asbjörn et en la remplaçant par la sienne, plus
petite, vieille et usée, accompagnant le geste
de la remarque ironique qu'il pouvait bien s'en
tirer avec celle-ci, son bateau étant à présent
vide et léger. Par moquerie il invita encore
Asbjörn de venir prendre part au festin de Noël.

Asbjörn n'oublia pas le sanglant affront de
Tore et s'en vengea cruellement plus tard. Il se
tint chez lui tout l'hiver et ne fit aucun festin.
Mais après la chandeleur de l'année suivante,
1023, il arma un bateau de quatre-vingt-dix
hommes et vint en secret à Karmö, où il aborda
le 18 avril. Il dit à ses hommes de garder le
bateau pendant qu'il allait à terre pour voir ce
qui s'y passait.

Ayant atteint une hauteur d'où il pouvait
apercevoir les maisons de Tore, il fut surpris de
voir une multitude d'hommes affairés, venant de
partout, se diriger vers la maison principale. Il
s'approche, écoute, et les paroles qu'il saisit
en passant lui apprennent que c'est Olaf lui-

même qui est là en visite. Il se glisse adroite-
ment et inaperçu jusqu'à la porte de la salle du
festin où il aperçoit le roi et Tore à table. Les
paroles viennent frapper son oreille. Il entend
Tore raconter au roi l'aventure d'Asbjörn, se
vanter de l'avoir dépouillé de ses marchandises
acquises au mépris de la loi. Répondant à une
question du roi, Tore explique en détail : « As-
jörn se comportait assez bien pendant le déchar-
gement, mais quand on lui enleva la voile, il
se mit à pleurer. » A ces mots Asbjörn ne se
sent plus de colère, il saisit l'arme qu'il porte
cachée sous son habit, se précipite sur Tore et,
d'un seul coup, lui abat la tête qui tombe sur la
table devant Olaf, tandis que le corps s'affaisse
sur les pieds du roi. Le sang se répand partout.
Les nappes en sont imprégnées. L'émotion est à
son comble et le désordre indescriptible. On
court, on nettoie, on lave pour faire disparaître
les traces du crime, le cadavre est enlevé, mais
la lugubre image du crime reste comme suspendue dans l'air et remplit la salle du festin.
Cependant Olaf, ému et bouleversé jusqu'au
fond de son âme, contient la douleur que lui
causent le meurtre et la perte de son fidèle serviteur, et, toujours maître de soi, avec un calme
et un sang-froid admirables, commande immédiatement de saisir le meurtrier et de ne pas le
laisser échapper.

Skjalg Erlingsön était aussi là à la table du
roi. Il se lève, va au devant d'Olaf et lui dit :
« Seigneur roi, je vous offre de payer toutes les
amendes qu'il vous plaira d'imposer pour rache-
ter la vie et les membres d'Asbjörn, en dehors

de cela vous pourrez couper et décider tout ce que vous voudrez. » — Le roi, dominant toujours les profondes émotions de son esprit agité tout à la fois de douleur et de colère, demande doucement : « Que penses-tu, Skjalg, n'est-ce pas un cas de peine de mort de violer la paix des fêtes de Pâques? Et un autre cas de peine de mort de tuer un homme dans la maison hospitalière du roi? Et un troisième cas de peine de mort de se servir des pieds du roi en guise de billot? »

« C'est malheureux, roi, dit Skjalg, que vous ne le trouviez pas bien, autrement l'action serait bonne. Mais si cette action, roi, vous répugne et vous blesse, j'attends aussi à recevoir beaucoup pour mes services. Un bon nombre de gens diront que vous avez le pouvoir de faire ce que je vous demande. »

Olaf réplique : « Quoique tu vailles beaucoup, Skjalg, je ne veux pas, pour ton plaisir, enfreindre la loi et abaisser ma dignité royale. »

Skjalg se tourne brusquement et sort. Les douze hommes qu'il avait avec lui le suivent et d'autres avec eux. Aussi vite que possible il s'embarque pour aller informer son père à Jæderen de ce qui venait de se passer et pour lui demander du secours. Mais avant de partir il dit à Toraren Nevjolsön qui, comme on s'en souvient, avait transporté Rörek en Islande : « Si tu tiens à mon amitié, fais en sorte qu'on ne tue pas cet homme avant dimanche. »

Olaf avait repris sa place après que toutes les traces du crime furent enlevées tant bien que mal. Il demande ce qu'on a fait du meurtrier.

On lui répond qu'il est sous garde au dehors dans la galerie.

« Pourquoi ne l'a-t-on pas tué? »

Toraren s'avance : « Seigneur, n'appelez-vous pas meurtre le fait de tuer les gens pendant la nuit? »

Le roi commande : « Alors mets-le dans les fers et tue-le demain. »

Asbjörn fut mis dans les fers et enfermé dans la maison pour la nuit.

Le jour suivant le roi assiste, comme d'habitude, aux matines, vaque aux affaires et entend la grand'messe. Revenant de la messe il dit à Toraren : « Eh bien, le soleil est-il monté assez haut pour que votre ami Asbjörn puisse être pendu? »

Toraren s'incline devant le roi et dit : « Seigneur, vendredi dernier l'évêque a affirmé, de ce roi dont la puissance s'étend sur toutes choses, qu'il n'a pas laissé de souffrir des épreuves, et que celui-là est juste qui ressemble plutôt à lui qu'à ceux qui le condamnèrent à mort ou à celui qui fut cause du meurtre. Et voici que nous ne sommes pas loin de demain qui est un jour ouvrier. »

Le roi le regarde : « Eh bien, je te concède le droit de décider qu'il ne soit pas mis à mort aujourd'hui, au jour de la fête. Tu le prendras sous ta garde, et sache bien que sa fuite te coûtera la vie. »

Toraren va prendre Asbjörn, et après lui avoir ôté les fers il lui donne à manger et à boire tout en lui racontant ce que le roi vient de décider s'il s'enfuit.

« Tu n'as rien à craindre », lui assure Asbjörn.

Toraren s'entretient avec son prisonnier pendant le jour et dort dans sa chambre pendant la nuit.

Le lendemain, samedi-saint, après avoir pris part aux matines, le roi eut une séance beaucoup plus longue que d'habitude, car une multitude de gens étaient venus lui soumettre leurs différends. Par suite la grand'messe ne put être célébrée que très tard, et le roi ne voulut prendre son repas qu'après avoir assisté à l'office et à la messe. N'étant pas pressé le roi s'attarda encore à table.

Pendant ce temps Toraren va trouver le prêtre gardien de l'église et lui remet deux onces d'argent en le priant d'annoncer le dimanche par le son des cloches aussitôt que le roi se lèvera de table.

Quand le roi eut fini, il se leva et s'adressant à ses valets il dit qu'il était temps d'enlever le meurtrier et de le tuer. Au même instant les cloches se mettent en branle. Toraren, connaissant bien les sentiments religieux et les dispositions intimes d'Olaf, va au devant de lui et lui dit : « Il faut bien que cet homme ait la vie sauve pendant le dimanche, quoiqu'il ait fait du mal. »

L'argument de Toraren l'emporte : « Garde-le bien, toi, Toraren, dit le roi, ne le laisse pas s'échapper. »

Le roi alla à l'office de none et Toraren se tint auprès d'Asbjörn.

Dimanche l'évêque alla confesser Asbjörn et lui permit d'assister à la grand'messe.

Toraren va trouver le roi et le prie de faire garder maintenant Asbjörn par d'autres, disant qu'il ne voulait plus avoir de responsabilité à son sujet. Olaf remercie Toraren de ses bons services et ordonne à d'autres de garder le meurtrier qu'on charge de chaînes. Au moment de l'office on le conduit à l'église où il entend la grand'messe, comme l'évêque le lui avait permis. Mais ne pouvant entrer parce qu'il était assassin, il resta à la porte de l'église, entouré de ses gardiens, pendant que le roi et la foule assistaient à l'intérieur.

C'était le 21 avril. Au moment de l'évangile, Erling et son fils Skjalg débarquent à l'île et à leur suite une armée de mille huit cents hommes, réunis à la hâte et bien armés. Ils accourent vers l'église, délivrent Asbjörn de ses chaînes pendant que ses gardiens, épouvantés, se réfugient à l'église. Erling range ses hommes sur deux lignes allant de l'église à la demeure du roi.

Au bruit du tumulte qui accompagnait toutes ces manœuvres, la foule à l'église ne put s'empêcher de se retourner, mais Olaf, absorbé dans ses prières, semblait ne rien remarquer de ce qui se passait, et suivit la messe jusqu'à la fin.

La messe terminée, Olaf se lève et sort suivi de ses hommes. Quand il paraît à la porte, Erling s'avance, s'incline et le salue. Olaf répond par la formule chrétienne d'usage : « Que Dieu t'aide. »

Erling prend la parole : « On m'a rapporté que mon parent Asbjörn a commis un grand crime, et il est regrettable, roi, que cela se soit passé de manière à vous rendre mécontent. C'est pourquoi je suis venu vous offrir la réconciliation et les amendes que vous désirez en prix de rachat de sa vie, de ses membres et de son droit de domicile. »

Olaf lui répond : « Il me semble que c'est vous qui voulez disposer du pouvoir dans l'affaire d'Asbjörn. Je ne comprends pas pourquoi tu fais semblant de m'offrir la réconciliation. Je suis persuadé au contraire que tu as rassemblé une armée parce que tu désires me dicter ta volonté. »

Le roi promène son regard sur les hommes alignés sur le chemin : « Penses-tu m'épouvanter, Erling ? Est-ce pour cela que tu as mis sur pied une si grande armée ? »

« Non. »

« Mais si tu caches d'autres desseins, je ne m'enfuirai pas. »

Erling piqué au vif, la figure rouge, se redresse : « Tu n'as pas besoin de me rappeler que jusqu'ici je n'avais jamais assez de monde contre toi dans nos rencontres. Mais aujourd'hui je ne te cache pas que je veux la réconciliation avant de nous séparer, sinon je ne vois aucune nouvelle entrevue possible entre nous. »

XLVIII

Olaf, enfant docile de l'Eglise

A ce moment l'évêque arrive : « Seigneur, dit-il au roi, au nom de Dieu, je vous commande d'obéir et de vous réconcilier avec Erling, sous les conditions qu'il vous demande, de laisser à cet homme la vie et les membres, sauf de décider vous-même des autres conditions. »

Devant cette injonction de l'autorité ecclésiastique le roi n'hésite plus et ne soulève aucune difficulté : « Commandez », dit-il à l'évêque.

Le prélat dicte ses ordres : « Erling donnera au roi les gages qui le satisferont. Asbjörn recevra le pardon et se soumettra aux décisions du roi. »

Alors, conformément aux ordres de l'évêque, Olaf émet le jugement suivant : « La loi détermine que celui qui tue le serviteur du roi doit lui-même assumer le même service, si le roi le désire. Je veux donc que tu prennes la position de cultivateur à la place de Sel Tore et que tu diriges ma ferme ici à Aagvaldsnes. »

Asbjörn donne son assentiment, mais demande la permission d'aller prendre les dispositions que réclame sa propriété à Trondenes. Le roi y consent volontiers et Asbjörn part content, pleinement satisfait et disposé à remplir la charge qui lui a été imposée. Plus tard cependant, sur les mauvais conseils de son oncle, Tore Hund, il changea d'avis et resta chez lui, estimant que le roi lui avait imposé une charge trop infamante pour lui et sa famille.

XLIX

La Conversion définitive du Hordaland, de Voss et du Valders

De nouvelles causes de désaccord entre Erling Skjalgsön et Olaf surgissent. Une inimitié ouverte éclate à la fin. Cependant le roi poursuit sans relâche l'œuvre de christianisation de ses sujets. Encore le même printemps de 1023 il parcourt le Hordaland et arrive à Voss où il corrige divers abus et rechutes dans le paganisme. Les paysans, exaspérés d'abord, s'attroupent contre lui et refusent de se soumettre. Les armées prennent position l'une en face de l'autre dans les plaines de Voss. Tout à coup, sans cause apparente, les paysans sont saisis de terreur, s'empressent de se soumettre à tous les ordres du roi et demandent le baptême. Olaf ne les quitte qu'après avoir achevé leur complète instruction dans la foi et les mœurs.

De Voss Olaf se rend à Sogn où il passe l'été. L'automne venu il entre dans le Valders, où le paganisme avait conservé encore toute sa vigueur. Le roi s'attendait à la résistance et ne négligea point de prendre toutes les précautions utiles. D'abord il arrive par surprise pour ne pas laisser aux paysans le temps de se concerter entre eux et d'organiser la résistance. Puis il prend position près de l'eau et s'empare de tous les bateaux des paysans qu'il remplit de ses hommes. Après cela il fait donner aux paysans l'ordre de venir en assemblée là sur les bords de la mer. Les paysans viennent promptement, mais munis de leurs armes, comme Olaf l'avait prévu.

Le roi les harangue et les invite à se faire chrétiens et à recevoir le baptême. Les paysans, loin de se soumettre, se mettent à crier et à lui commander de se taire, brandissant leurs armes en signe de menace.

Olaf, voyant qu'ils refusaient de l'écouter et que leur nombre était bien supérieur à ses forces, change immédiatement de tactique. Il demande aux paysans s'ils n'ont pas de différends à lui soumettre et à faire juger par lui. Sur le champ il y en eut un grand nombre. Les procédures commencent et se suivent. Chacun cherche ses témoins, et tous sont occupés jusqu'au soir. La séance est levée, mais les paysans, au lieu de retourner chez eux, restent sur la plage. La campagne s'étend au loin dans les ténèbres de la nuit et vide d'hommes.

Le roi, profitant de la situation, a recours à un stratagème. Il traverse l'eau avec tous ses bateaux, fait courir ses hommes dans la campagne pour brûler et ravager les fermes. Il continue la manœuvre le jour suivant tout le long du rivage.

Les paysans, voyant le feu à leur maison, se disloquent, et tous courent au sauvetage des maisons en flammes. Olaf, traversant de nouveau la mer, revient au premier endroit devenu désert et met le feu aux maisons de ce côté. Les paysans, découragés devant ce vaste désastre imprévu, viennent demander pardon et miséricorde, faisant bénévolement promesse de soumission. Personne ne songe plus à soulever des objections contre la religion. Olaf les fait instruire et baptiser, leur bâtit des églises et leur donne des prêtres. Cependant, quoiqu'il se fût assuré de leur fidélité et de leur soumission par des otages, Olaf n'eut que peu de confiance et resta campé au bord de l'eau pour ne pas s'exposer à un coup de trahison et de vengeance de la part des habitants.

Lorsque les eaux commencèrent à se couvrir de glace, Olaf transporta son camp à Trondhjem. C'était le dixième hiver qu'il passait en Norvège.

LI

La Chute d'Olaf

Pas plus que David, Olaf n'était à l'abri des assauts de la faiblesse humaine. Il fit une chute, la seule qu'il eut à se reprocher dans sa vie, et Alfhild, une femme de sa cour, lui donna un fils qui, plus tard, devint son successeur sur le trône de la Norvège. A la naissance de l'enfant, la mère faillit perdre la vie et l'enfant parut d'abord mort. Aux premiers signes de respiration le prêtre, jugeant le baptême urgent à cause de l'état de faiblesse de l'enfant, dit à Sigvat d'aller informer le roi de l'événement. Sigvat, quoique scalde favori et intime du roi, n'osa pas le réveiller et se déclara prêt plutôt à prendre sur lui la responsabilité du baptême que de déranger le roi. L'enfant fut baptisé et Sigvat lui fit imposer le nom de Magnus.

Le roi ne sut ce qui s'était passé la nuit que le matin à son réveil. Il fait appeler Sigvat : « Pourquoi as-tu osé faire baptiser mon enfant à mon insu ? » demande-t-il sévèrement.

« Parce que j'aimais mieux donner deux hommes à Dieu qu'un seul au diable », répond Sigvat sans se troubler.

« Comment cela ? » dit le roi.

« L'enfant était en danger de mort, et s'il était mort sans baptême, il aurait appartenu au diable. D'autre part je savais que je ne pouvais risquer que d'encourir ton courroux et d'être puni de mort. Et si tu veux me faire mourir pour cela, j'espère appartenir à Dieu. »

Le roi était désarmé.

« Mais pourquoi l'as-tu fait appeler Magnus? Ce nom n'est pas dans notre famille », objecta le roi.

« Je l'ai fait appeler d'après Charlemagne, que je savais être le meilleur homme du monde. »

Olaf fut complètement vaincu. « Tu as de la chance, Sigvat, dit-il. Il n'y a rien de merveilleux en ce que la fortune s'attache à la sagesse. Mais c'est un miracle qui arrive quelquefois à des hommes dépourvus de sagesse, que leurs conseils imprudents tournent à leur bonheur. »

Ce trait d'une extrême simplicité fait éclater la foi profonde d'Olaf et de ses sujets, une foi qu'il a su communiquer aux fidèles et implanter en Norvège, mais il révèle aussi la culture d'âme élevée et digne d'être remarquée, qui s'ensuivit. La douceur et la clémence d'Olaf s'y reflètent et y mettent un charme spécial de grandeur et de dignité chrétienne.

LI

L'Assassinat d'Asbjörn et sa Vengeance

Dans l'intention de contrebalancer un peu la puissance de Haarek à Tjötö, Olaf y avait envoyé un homme, Asmund, auquel il avait attribué des terres dans l'île. Asmund se lia d'amitié avec ses deux frères, Gunstein et Karle, à Langö. Ce dernier, plus amateur des grandeurs que son frère, désirait vivement entrer au service du roi et pria Asmund de lui servir d'intermédiaire. En faisant route vers Trondhjem dans ce but, ils rencontrent le bateau d'Asbjörn revenant du sud. Asmund manifeste aussitôt l'envie de voir le meurtrier de Tore Sel, et Karle qui le connaissait, lui en procure l'occasion en dirigeant son bateau vers celui d'Asbjörn. « Le voilà en habit bleu au gouvernail », dit Karle. « Je vais le mettre en habit rouge », dit Asmund. Saisissant une lance, il la décoche avec vigueur contre Asbjörn. La lance l'atteint à la poitrine et, le traversant de part en part, le fixe au madrier du bateau de l'autre côté. Les deux bateaux continuent leur route, chacun de son côté. Le cadavre d'Asbjörn ramené à Trondenes y fut enterré par Sigrid, sa mère. Elle n'avait pas manqué d'inviter Tore Hund à l'enterrement.

Les obsèques terminées elle distribue, suivant l'antique usage, des dons aux parents et amis du défunt. Au départ de Tore Hund elle met la lance meurtrière entre ses mains et lui dit : « Mon fils a bien voulu suivre tes conseils amicaux. Il n'a pas joui d'une vie assez longue pour t'en récompenser. Je veux le faire à sa place. Voici la lance qui a traversé son corps. Elle porte encore des taches de sang. Je te la donne. Tu agiras en homme si tu la lâches de ta main de manière à ce qu'elle reste enfoncée dans la poitrine d'Olaf. A cette heure je t'assure que tu seras le mépris de tous si tu ne venges pas la mort d'Asbjörn. »

Les paroles de Sigrid avaient rempli Tore Hund d'une colère violente. Il en resta interdit et comme pétrifié, muet et immobile en place. On dut le retenir pour l'empêcher de s'égarer et le conduire au bateau.

Asmund et Karle arrivent à Trondhjem et racontent leur aventure à Olaf. Le bruit s'en répand et parvient jusqu'aux oreilles de Tore Hund. Karle entre au service du roi et se lie d'amitié avec Asmund.

En 1026, Olaf charge Karle d'une entreprise de commerce. Elle consistait à aller acheter des marchandises chez les habitants des contrées autour de la mer Blanche, appelées d'un nom commun, *Bjarmeland*, renommées par leurs richesses et leur commerce. A cet effet, Karle devait remplir un navire de produits norvégiens et les échanger contre d'autres produits que pouvaient lui fournir les marchands de Bjarmeland. Il fut convenu que le profit de cet échange serait partagé à raison de la moitié entre le roi et Karle.

Karle part pour Trondhjem. Là il charge un navire des effets que le roi lui avait indiqués. Les voiles sont mises au vent et on part vers le nord. A Haalogaland son frère se joint à lui avec un navire et un équipage de vingt-cinq hommes. Au printemps l'ancre est levée et on se dirige vers le Finmark.

Tore Hund ayant appris leurs projets, leur envoya dire que lui aussi avait pensé faire un voyage à Bjarmeland dans le courant de l'été, et leur proposa de faire le voyage ensemble sous condition de partager entre eux à parties égales ce qu'ils pouvaient conquérir. Les deux frères y consentirent sous la réserve que Tore Hund viendrait avec un navire monté de vingt-cinq hommes et que les marchandises qu'ils avaient avec eux n'entreraient pas dans le partage.

Au retour de la députation chargée des pourparlers, Tore avait déjà mis sur l'eau un gros navire portant un équipage de quatre-vingts hommes sous son commandement. Mais ce n'est qu'à Sandvœr, près de Tromsö, qu'il parvient à rejoindre les deux frères. De là ils naviguent ensemble vers le Bjarmeland.

Les deux frères n'étaient pas contents. Tore Hund, qui venait avec un équipage aussi fort, ne leur inspirait aucune confiance. Gunstein aurait préféré retourner, mais Karle s'y opposa, malgré la crainte du danger qu'il soupçonnait. Pour calmer leur inquiétude, ils conviennent entre eux de demander des explications à Tore Hund et la raison de son grand équipage. Ils avaient stipulé qu'il ne devait prendre avec lui que vingt-cinq hommes. Tore leur fit comprendre ses raisons : son navire était gros et lourd et avait besoin pour être manœuvré de plus de monde. De plus, dans une entreprise aussi périlleuse que la leur, on ne pouvait jamais avoir trop de monde habitué à la besogne. Les deux frères s'en montraient satisfaits.

A Dwina ils font de bonnes affaires. Chacun achète tout ce qu'il peut en échange de sa propre marchandise. Tore Hund et Karle font, chacun de son côté, une abondante emplette de peaux et de fourrures de toute espèce.

Le marché fini, ils partent et dénoncent aux habitants la cessation de la paix. Arrivés au large ils tiennent un conseil de guerre avec leurs équipages. Tore demande à ses hommes s'ils n'ont pas envie de faire une descente dans le pays et « conquérir des biens ». Les hommes déclarent que l'envie ne leur manque pas, pourvu qu'il y ait quelque chance. Tore leur assure que l'occasion est bonne et pleine d'attrayantes perspectives, mais « il y a aussi danger de vie ». Tous répètent qu'ils sont prêts à courir les risques, pourvu qu'il y ait quelque chose à saisir.

Tore leur explique le coup à faire : « Voici les usages du pays : à la mort d'un riche ses biens meubles sont partagés entre lui et les héritiers. La moitié des biens ou à peu près est attribuée au mort et portée dans les forêts où les biens sont entassés et recouverts de terre ou abrités d'une construction. Il s'agit de les trouver et de s'en emparer. » L'expédition est promptement décidée et organisée. Chacun devait se tenir prêt pour le soir, on ne s'écartera pas les uns des autres, personne n'aura le droit de rester en arrière lorsque les chefs donneront l'ordre de partir.

Au moment désigné l'expédition se met en marche. Un petit nombre d'hommes seulement restent pour garder les navires. En colonne serrée la troupe, silencieuse, passe une plaine couverte de gazon et entre dans la forêt, Tore à la tête et les deux frères à la queue de la file. Tore les avertit de ne pas faire de bruit et de marquer les arbres afin de retrouver le chemin. Ainsi guidés, ils atteignent une vaste clairière. Au centre s'élève une haute construction dont la porte est fermée. Pendant la nuit la construction était toujours gardée par six hommes du pays, dont deux devaient monter la garde à tour de rôle devant la maison. A ce moment la garde n'était pas encore revenue.

Tore escalade les murs à l'aide de sa hache qu'il accroche au bord supérieur. Karle a déjà fait la même chose au côté opposé. Ensemble ils ouvrent les portes et les hommes se précipitent à l'intérieur. « Ici, dit Tore, il y a un tas mêlé d'or, d'argent et de terre. Que les hommes en prennent. Mais dans cette enceinte réside le dieu du peuple de Bjarmeland, qui s'appelle *Jomale*. Personne ne doit y toucher ou avoir la hardiesse de le dépouiller. »

Chacun s'empresse de se munir du tas et d'emporter le plus possible dans les plis de son vêtement. Tore commande la retraite dans l'ordre inverse de leur arrivée. Les deux frères, Gunstein et Karle, ouvrent la marche, les autres suivent et Tore vient le dernier. Devant la porte on fait une halte et Karle entreprend une inspection. Il constate que Tore est absent. Se mettant à sa recherche il le trouve derrière la porte, la gamelle d'argent de Jomale à la main. Karle ne veut pas rester inférieur à Tore. D'un coup de hache il décroche un ornement précieux pendu au cou de Jomale. Mais le coup fut si fort que la tête de l'idole saute et roule par terre avec grand fracas. Content du butin on se hâte de partir.

Il était grand temps. Car le bruit du coup porté à Jomale fut entendu de la garde qui entrait dans la clairière. Un cor donne le signal.

D'autres coups de clairon retentissent de tous côtés. Des cris et des appels s'élèvent dans la clairière et bientôt les fuyards entendent la foule hurlante à leurs trousses. De toutes parts pleuvent des flèches, mais personne n'est atteint. La nuit et les ténèbres favorisent et protègent la fuite, aussi précipitée que la poursuite est acharnée.

En un clin d'œil, Gunstein et Karle eurent jeté le butin dans leurs navires et démarré. Tore Hund eut plus de peine à manœuvrer son grand bateau et à partir. Les premiers, avec leur légère embarcation, étaient déjà loin quand les derniers se mirent en mouvement. La traversée de la mer Blanche se fit d'un trait, interrompue de deux courts arrêts seulement avant d'aborder à Lenvik, dans le Malangenfjord. Chaque fois que Tore Hund peut rejoindre Karle il lui réclame une partie de son butin. Chaque fois Karle lui oppose un refus net. Au second arrêt, à Magerö, Tore appelle Karle, demandant à lui parler tout seul. Karle s'approche sans méfiance. Tore saisit une lance, l'enfonce dans sa poitrine, et Karle s'affaisse mort. « Voilà qui t'apprendra à connaître un habitant de Bjarkö, dit-il, et c'était bien mon intention de te faire sentir la lance qui vengea sur Asbjörn la mort de Tore Sel. » Puis, tranquillement, il retourne à son navire.

Les autres avaient vu la chute de Karle. Ils vont chercher le cadavre et s'enfuient à toute vitesse avec leur bateau. Tore les poursuit, mais ne les rejoint qu'à Lenvik, dans le Malangen. Là, voyant qu'il leur est impossible de s'échap-

per, Gunstein fait diriger son navire à terre
où tous prennent la fuite et se cachent. Tore, ne
pouvant les découvrir, s'empare de leurs biens,
fait remplir leur navire de pierres et couler au
large, après quoi il rentre chez lui à Bjarkö.

Profitant des ténèbres de la nuit, Gunstein et
ses hommes se dérobent à leur ennemi, effec-
tuant leur fuite par petites étapes sur des canots,
évitant de se faire voir. Passé Bjarkö et les
limites des terres de Tore, Gunstein fait un
court séjour dans son domaine, à Langö, amé-
nage un navire et d'un seul trait vient à
Trondhjem, où il raconte à Olaf les péripéties
et le résultat de son expédition au Bjarmeland.
Olaf en fut profondément contristé. Il promet à
Gunstein d'arranger son affaire aussitôt que
l'occasion s'en présentera. En attendant il le
prie d'accepter les offres de son hospitalité.

LII

Les Intrigues de Knut, roi de Danemark

Knut, roi du Danemark, était devenu riche et
puissant. Il avait réussi à se soumettre complètement l'Angleterre. C'est ce qui lui permit de
tourner ses regards vers la Norvège où il crut
avoir des droits. Il ne manqua pas de recevoir
à bras ouverts tous ceux qui, sous différents
prétextes, venaient de la Norvège, surtout ceux
qui se plaignaient de la domination et des trai-
tements d'Olaf. Il les comblait de présents et de
faveurs et n'omettait rien pour entretenir et

fomenter leur mécontentement. Ayant ainsi préparé le terrain et disposé les esprits en sa faveur, il jugea le moment propice d'envoyer une députation à Olaf, qui était alors à Tönsberg, avec des lettres lui demandant de reconnaître sa souveraineté sur la Norvège et de lui payer le tribut.

Olaf laissa la députation attendre quelques jours avant de la recevoir. Puis il leur permet de lui exposer leurs propositions et de lui remettre les lettres de Knut. Quand il les eut entendus et pris connaissance des lettres, Olaf les renvoie en les chargeant d'apporter à Knut sa réponse énergique et sans appel que voici : « Dites à Knut qu'Olaf, roi de la Norvège, ne paie de tribut à personne et défendra son pays de toutes ses forces. Knut doit apprendre à modérer son appétit. Il mangera plutôt tous les choux de l'Angleterre que d'obliger Olaf à lui rendre hommage. » La députation ne put s'empêcher de manifester sa déception.

Cependant Olaf ne se fait pas d'illusions. Le danger lui apparaît clairement dans toute son étendue. Il ne l'attend pas les bras croisés. Il s'empresse de faire part au roi de la Suède, Aanund, des prétentions exorbitantes de Knut et lui explique le danger que cela renferme pour la Suède elle-même. Convaincus donc du danger commun, les deux monarques concluent une alliance de défense entre eux.

Knut de son côté ne perd pas de temps. Venu en Danemark, il envoie immédiatement une députation à Aanund, lui fait remettre des présents et cherche à le rassurer en lui affirmant qu'il n'a rien à craindre du conflit avec Olaf. Aanund ne se laisse pas prendre au piège. La députation eut une réception froide, elle comprit que l'amitié des deux rois était indéniable et qu'ils n'étaient pas d'avis de se disjoindre pour se laisser vaincre l'un après l'autre.

Après le départ de Knut pour l'Angleterre, les deux rois alliés tinrent un conseil à Konghelle et rendirent leur pacte de défense encore plus étroit et plus intime.

Sur ces entrefaites deux autres députations venaient d'arriver en Norvège, l'une des îles Feroë, l'autre de l'Islande.

LIII

Les Iles Féroë

Par deux fois Olaf avait envoyé des navires et des hommes aux îles Féroë pour y recueillir le tribut. Mais chaque fois le navire et les hommes avaient disparu sans laisser de traces.

En 1026, Olaf avait envoyé une nouvelle députation avec l'ordre aux trois chefs de l'île de se concerter en vue de laisser venir l'un d'entre eux en Norvège. Les chefs soupçonnaient un stratagème d'Olaf et n'avaient point envie de venir en Norvège. L'un d'eux, Toralv de Dimun, finit cependant par s'en charger. Il arme son navire d'une douzaine d'hommes et part. Un autre navire leur fait compagnie. Il appartient à Traand et est chargé de laine que Traand veut faire vendre en Norvège. Il est conduit par une douzaine d'hommes sous les ordres de deux jeunes gens, Sigurd et Tord, fils de Talak élevés chez Traand.

Une première escale a lieu un soir à Manger, en Nordhordland. La nuit est sombre, mais Toralv et un compagnon vont encore faire une commission à terre. Tout à coup le compagnon se sent la tête enveloppée d'un morceau d'étoffe, saisi et jeté à la mer. En même temps il entend un bruit sourd à côté de lui. Revenu à terre il cherche à tâton et trouve Toralv gisant à terre la tête fendue jusqu'aux épaules. Le cadavre est transporté dans le navire et le lendemain on en avertit Olaf. Le roi convoque immédiatement la population et les hommes des deux navires pour faire l'enquête du crime. Mais l'interrogatoire ne put rien révéler et le mystère restait impénétrable.

Alors Olaf fait peser le soupçon sur les deux frères. Sigurd, que le roi croyait être le meurtrier, se lève et dit en substance : « N'ayant encore jamais parlé en séance publique je ne puis que me défendre très mal. Je n'ai eu aucune raison de tuer mon proche parent. Je suis prêt à prouver mon innocence par serment et par le feu (jugement de Dieu). » Le roi leur permit de faire la preuve le jour suivant sous la surveillance de l'évêque.

Sigurd n'avait qu'une confiance très médiocre à Olaf. Il accusa Olaf d'avoir lui-même fait tuer Toralv et de chercher maintenant à les faire périr eux-mêmes. Sigurd prit le parti de s'enfuir pendant la nuit avec son navire et ses hommes et de retourner aux îles Féroë. La fuite acheva de convaincre Olaf du crime des deux frères et couvrit de confusion ceux qui avaient plaidé leur innocence. Traand reçut les fugitifs non sans leur faire de durs reproches de leur conduite.

LIV

Les Difficultés avec l'Islande

Déjà en 1024 Olaf avait envoyé Toraren Nevjolvsön en Islande pour essayer de la rattacher plus intimement à la Norvège et la soumettre à son influence en la rendant tributaire. La mission réussit mal. Les Islandais voulaient bien rester de bons amis d'Olaf, mais ils tenaient fort à leur liberté et n'avaient aucune envie de lui concéder des droits quelconques sur leur île. Les chefs déclinèrent donc l'invitation d'Olaf de venir lui rendre visite. L'année suivante ils lui envoyèrent leurs fils comme leurs représentants. Ils étaient quatre : Torodd Snorresön, Gelle Torkelsön, Stein Skaftesön et Egil Hallsön. Olaf leur fit bon accueil et les retint auprès de lui.

Après la fuite de Sigurd il les fait appeler et leur dit : « Vous avez pensé partir. Or voici ce que je décide : « Gelle va porter mon message en Islande. Les autres resteront ici jusqu'à ce que je sache comment mon message est accepté. »

Le message d'Olaf demandait principalement aux Islandais le tribut et menaçait de représailles s'ils persistaient à ne pas se soumettre.

Les Islandais tiennent conseil et refusent unanimement de s'incliner devant les injonctions d'Olaf. Gelle est chargé de lui rapporter le résultat de leur délibération.

LV

La Fuite et le Crime de Stein

Torold et Stein étaient très mécontents d'avoir été retenus par Olaf dans une espèce de captivité, et ils ne se gênaient pas de le manifester ouvertement. Stein finit par prendre la fuite. A Orkedalen, il s'adresse à un fermier du roi et lui demande un cheval et un traîneau. Torgeir, le fermier, conçoit des soupçons et fait des difficultés. Stein l'abat d'un coup de glaive. Torgeir était en train d'entrer sa moisson sur un traîneau tiré par un cheval. Stein dit à son serviteur de se mettre à cheval tandis que lui-même se met dans le traîneau, et la fuite recommence. Il arrive chez Torberg, à Giske, dont la femme, Ragnhild, lui garde une vive reconnaissance pour un service rendu quelques années auparavant.

Mais Torberg était déjà renseigné. La flèche fatale, portant la nouvelle, avait déjà fait le tour du pays et on savait fort bien que Stein était sous le coup de la proscription pour son crime et sa fuite. Torberg était donc en colère et ne voulut d'aucune manière prêter secours à Stein. Mais Ragnhild fit tant d'instance que son mari consentit à garder Stein malgré tout. La rumeur en parvient à Olaf qui mande à Torberg de se présenter immédiatement chez lui. Torberg, sachant ce que cela voulait dire, n'osa se présenter tout seul. Il s'adresse à ses frères, qui tous étaient riches et occupaient des positions importantes. Les deux premiers lui refusent d'abord toute assistance, mais se décident plus tard à l'accompagner. Le troisième, Kalv, ne fait aucune difficulté de le suivre. Ragnhild, de son côté, ne reste pas inactive. Elle envoie des hommes à son père et le prie de l'aider. Celui-ci lui envoie ses deux fils, Sigurd et Tore, ayant chacun un navire de vingt bancs et quatre-vingt-dix hommes armés. Torberg et ses frères en ayant chacun autant, c'était une petite flotte assez respectable de six navires et de cinq à six cents hommes qui vint s'amarrer à Nidarholmen, en face de Trondhjem.

Après une délibération entre eux, ils tombent d'accord de n'envoyer, avec Torberg, que les deux frères Finn et Arne à la cour du roi. Les autres devaient attendre le résultat des pourparlers. Finn remplit l'office de porte-parole et fait les propositions de réconciliation. Il donne à choisir au roi : Il pourra imposer les amendes qu'il jugera à propos sous condition de laisser Torberg et Stein impunis. S'il l'accorde, ils lui promettent leur service loyal. S'il le refuse, ils iront se mettre au service de Knut.

Olaf choisit le parti le plus prudent. Il accorde l'indemnité aux coupables et fait prêter aux frères serment de fidélité. Kalv seul refuse le serment mais promet de garder sa fidélité au roi tant qu'il ne touchera pas à ses droits. Finn reste ensuite près du roi tandis que les autres retournent chez eux. Stein, qui fut grâcié mais que le roi ne voulait plus voir à la cour, alla se mettre au service de Knut en Angleterre.

LVI

L'Offensive contre Knut

Les prétentions de Knut étaient une menace continuelle. Olaf prévoyait bien que la paix ne durerait que le temps qu'il faudrait à Knut pour se préparer à la guerre. Il crut donc prudent de prendre au plus tôt l'offensive et de rassembler une armée contre lui. A cet effet il envoie ses chefs faire le recrutement dans toutes les provinces.

LVII

La Justice atteint Tore Hund
Sa Fuite

Finn est chargé de le faire dans le Haalogaland. Au printemps il y eut une belle armée à Vaagen, dans le nord. Quand Finn vient pour en faire l'inspection, il y trouve aussi Tore Hund, de Bjarkö. Finn lui demande ce qu'il pense offrir au roi en expiation du crime d'avoir tué et spolié Karle au voyage de Bjarmeland. « Le roi me charge de cette affaire et veut savoir ta réponse », dit-il. Tore regarde autour de lui : des deux côtés il voit une rangée d'hommes bien armés.

Parmi eux il voit aussi Gunstein et de nombreux proches parents de Karle. Il répond : « Je veux remettre ma cause entre les mains du roi. »

Finn réplique : « Tu ne peux avoir cet honneur. Tu es obligé de te remettre à mon jugement, si tu tiens à la réconciliation. »

Tore sent qu'il est prudent de capituler : « Alors je crois que ma cause est entre de bonnes mains. Je ne veux pas m'y soustraire. »

Finn lui dicte les conditions du pardon : « Vous aurez à payer cinq livres d'or pur au roi ; cinq livres à Gunstein et à ses proches parents ; cinq livres en expiation du vol, à condition de payer sur le champ. »

— « C'est beaucoup », dit Tore.

— « L'autre alternative que tu peux choisir, c'est de rompre la réconciliation », riposte froidement Finn.

Tore cherche à échapper par des tergiversations et des subterfuges, mais Finn lui commande de payer sur place et de plus de rendre le précieux bijou qu'il a enlevé à Karle après sa mort. Tore nie d'abord d'avoir aucun bijou. Gunstein dépose contre lui. Alors, ne pouvant récuser le témoin, il affirme n'avoir rien remarqué, « mais si nous l'avons pris, il se trouve chez moi à Bjarkö ».

Finn lui pose la pointe de sa lance sur la poitrine et d'un ton impérieux qui ne souffre pas de réplique il commande : « Rends le bijou ! »

Tore prend le bijou suspendu à son cou et le rend à Finn sans prononcer un mot.

Tore retourne à son bateau. Finn le suit avec une nombreuse escorte qui remplit l'embarcation. On s'étonne de trouver rangés près du mât deux grands tonneaux soigneusement couverts.

« Que contiennent ces tonneaux? » demande Finn.

— « Notre boisson », répond Tore.

— « Très bien! Mais pourquoi donc ne nous sers-tu pas à boire, mon bon ami, quand tu as une si bonne provision? »

Tore commande à un de ses hommes d'en faire goûter. La boisson fut excellente.

Finn presse Tore d'apporter l'or, mais Tore s'exécute d'une si mauvaise grâce qu'à la tombée de la nuit il n'avait pas encore payé un tiers de la somme. Alors Finn, irrité et las de patience, lui dit : « Puisque tu as tant de peine à payer, tu peux cesser : tu payeras le reste au roi lui-même », et il s'en va.

La réponse de Tore fut un oracle et une menace dissimulée : « Nous nous séparons, Finn, dit-il, mais tu verras bien ma volonté de payer cette dette, et je le ferai de telle manière que ni le roi ni toi vous n'aurez à vous plaindre de ce que le payement soit insuffisant. »

On lève l'ancre. Le navire de Tore reste d'abord loin derrière les autres, puis il prend la direction de l'Angleterre où il est bien reçu par Knut. On apprit alors la ruse et la supercherie de Tore. A bord il avait tout l'or et l'argent que lui et Karle avaient capturé à Bjarmeland. Les gros tonneaux desquels il avait fait tirer le vin étaient pourvus de deux fonds et remplis de peaux et de fourrures.

Arrivé avec son armée chez Olaf, Finn lui raconte l'épisode de Tore Hund et le mal qu'il appréhendait de sa part.

Olaf, dont l'esprit planait dans les hauteurs et eut comme une vision de tout ce que réservait l'avenir, se contente de remarquer : « Je crois bien que Tore sera notre ennemi, mais mieux vaut qu'il soit loin que près de nous. »

LVIII

La Justice d'Olaf ne fléchit pas

Un conflit délicat à régler se présente. Haárek, à Tjötö, élargissait sans cesse ses droits aux dépens de Grankel, son voisin. Quand Asmund, le fils de Grankel, eut pris possession des terres qu'Olaf lui avait attribuées à Haalogaland, le père et le fils allaient ensemble faire des réclamations à Haarek, mais sans autres résultats qu'une nouvelle exaspération de ce dernier. Au lieu de faire des concessions Haarek fait faire, comme d'habitude, par une douzaine de domestiques, la récolte au terrain contesté. Lorsqu'ils eurent chargé leur bac, Asmund, accompagné d'une trentaine de domestiques, les surprend et les somme de décharger. Les domestiques de Haarek ne donnant aucun signe de vouloir obtempérer, Asmund les fait maltraiter et décharger le bac par les siens.

Haarek et Asmund s'étaient joints à l'armée avec leur contingent d'hommes. Olaf dut prendre leur différend en main. Asmund, produisant des témoins de la possession légitime du terrain par Grankel, eut gain de cause, et le terrain lui fut adjugé. Haarek se soumit mais en garda une profonde rancune.

LIX

Dangereux prélèvement du tribut au Jæmtland

Depuis que les Suédois avaient tué Traand et les onze hommes qui l'accompagnaient, personne n'avait plus osé recommencer l'expérience et venir réclamer le tribut au Jæmtland.

Au commencement de l'année 1026, Olaf, ayant son quartier d'hiver à Nidaros, fit connaître sa volonté de faire valoir son droit et de réclamer de nouveau l'impôt au Jæmtland. Personne ne se laissa tenter par la périlleuse entreprise.

Alors Torodd Snorresön, d'Islande, ne supportant qu'avec peine sa captivité à la cour d'Olaf, eut l'idée de se présenter, heureux de regagner sa liberté de cette manière. Olaf lui confie la charge et lui donne une escorte de onze hommes.

Au Jæmtland ils se présentent devant le gouverneur Torar et lui font part de leur mission. Le gouverneur les accueille avec bienveillance, mais s'excuse de ne pouvoir rien faire tout seul, l'affaire devait être traitée et décidée dans une assemblée plénière de tout le peuple et de ses chefs. L'assemblée, informée de l'objet de la convocation, repoussa d'une voix unanime la demande de tribut. Les uns voulaient qu'on fasse pendre les envoyés, les autres opinaient pour qu'on les immole aux idoles. On s'accorde enfin de les conserver et de leur faire un bon traitement jusqu'à l'arrivée des envoyés du roi de la Suède.

Comme toujours Noël fut célébré par une série de festins durant quinze jours. Dans la jovialité des esprits échauffés par la boisson, les Suédois oublièrent de garder le secret de leurs véritables intentions. Effrayés, Torodd et ses compagnons se préparent à la fuite qu'ils entreprennent au milieu de la nuit. Le matin, s'apercevant de leur fuite, les Suédois se mettent à leur poursuite avec des chiens de race, les rattrappent dans la forêt où ils se tiennent cachés et les ramènent à Torar, où on les jette dans une profonde caverne munie d'une porte au fond d'un hangar. On ne leur servit plus dans la suite qu'une faible ration de nourriture.

Cependant Torar et tous ses convives libres allaient passer, suivant l'usage, la seconde moitié des fêtes de Noël chez son beau-fils. Le soin de garder les prisonniers fut abandonné aux esclaves. Sous l'influence de la boisson dont ils étaient amplement pourvus, les esclaves voyaient les réalités de ce monde dans une nouvelle lumière. Les tristesses de la vie s'illuminaient de joies inconnues, la distance entre eux et les prisonniers s'effaçait, et ils devinrent généreux. Ils voulaient que les prisonniers eussent, eux aussi, une plus abondante et meilleure nourriture. Une bougie allumée devait éclairer leur sombre prison et leur rappeler le souvenir de la lumière de Noël. Torodd les défrayait de sa meilleure humeur et les égayait par d'agréables plaisanteries.

Les esclaves buvaient copieusement et oubliaient
à la fin de garder leurs prisonniers dans la
caverne du hangar. Torodd et son compagnon
en profitent, coupent leurs manteaux en bandes,
s'en font une corde et se hissent hors du trou.
Dans le hangar ils trouvent des habits dont ils
s'emparent, mettent le feu à la baraque et s'enfuient. Cette fois ils n'oublient pas de dépister
les chiens et de déjouer la poursuite en mettant
la chaussure à l'envers.

Une cabane de brigands perdue au sein des
forêts immenses des montagnes leur offre un
refuge. La vieille qui y habite leur donne à
manger et leur prépare un gîte pour la nuit. Le
maître du logis, Arnliot Gelline, brigand d'une
taille et d'une force de géant, grogne d'abord,
mais s'offre ensuite à leur servir de guide dans
les montagnes couvertes de neige et de les
conduire jusqu'aux frontières de la Norvège.
Il leur donne des ski et des provisions de route.

Avant la pointe du jour les voyageurs sont
prêts pour le départ, les ski aux pieds. Ils
s'élancent. Arnliot, dont les ski ont des dimen-
sions imposantes, prend d'un seul coup les
devants et laisse les deux compagnons loin derrière lui. Il se retourne : « Du train que vous
allez nous n'avancerons point. Tenez-vous sur
mes ski. » L'un derrière l'autre, Torodd et son
compagnon se tiennent sur les ski d'Arnliot, qui
les emporte à la même allure de vitesse qu'il
tenait auparavant sans eux. Ce n'est que le soir,
lorsque la nuit se fait sombre, que les voyageurs s'arrêtent enfin dans une hutte dressée
dans une gorge de montagne pour la commodité

des passants. Ils allument le feu et apprêtent un
bon souper. Arnliot tire de son sein un plat
d'argent et y met sa portion du succulent repas.
A la fin du souper il fait ramasser les restes,
effacer toutes les traces de leur présence dans
la pièce et monte avec ses compagnons au premier où ils se couchent, évitant de faire du bruit.

Ils n'avaient pas encore fermé l'œil quand
une troupe de douze hommes entre avec fracas
et une bruyante jovialité. C'étaient des marchands du Jæmtland qui retournaient de leur
expédition, rapportant les effets de leur commerce. Eux aussi allument du feu et se préparent
un souper qu'ils goûtent tout en s'adonnant à
une gaieté débordante. Le souper achevé, les
restes sont jetés dehors, et sur les bancs autour
du feu les douze hommes prennent leur gîte
pour la nuit.

Ils étaient à peine endormis qu'une vieille
aux traits hideux d'une sorcière entre dans la
cabane. Elle se met à assommer les hommes
endormis, l'un après l'autre, et jette leurs cadavres dans le feu. Seul le dernier échappe au
massacre et crie au secours. Arnliot lui tend la
main et le hisse au premier. La vieille sorcière
se met alors à manger la chair rôtie des hommes.
Arnliot se lève, prend sa lance et la plante dans
les épaules de la femme sinistre jusqu'à la poitrine. La vieille saute, crie, et d'un bond violent
sort par la porte qu'elle arrache dans sa fuite.
Arnliot va remettre la porte à sa place et, sans
autre façon, on se remet à dormir jusqu'au
matin, comme si les événements de la nuit
n'étaient que des épisodes ordinaires de la vie.

Sans trop s'attarder aux bagatelles de la scène hideuse nocturne, les voyageurs survivants goûtent d'un bon appétit le déjeuner commun, après quoi Arnliot Gelline fait savoir à ses compagnons que l'heure de la séparation est arrivée. Il dit aux deux fugitifs qu'il ne peut pas les accompagner plus loin. Mais puisque les marchands venus de ce côté ont fait la trace, ils n'ont qu'à la suivre. « Pour moi, dit-il, je vais chercher ma lance et recueillir le salaire de ma besogne en m'appropriant les objets précieux des marchands qui ont péri cette nuit. Toi, Torodd, tu salueras le roi Olaf de ma part et en signe de mon amitié tu lui remettras ce plateau d'argent. » Il essuie le plateau qu'il vient de tirer de son sein et le présente à Torodd.

En recevant le présent le roi est touché, il exprime son regret de ce que le bon garçon n'a pas pu venir jusqu'à lui. En récompense de sa bravoure il donne à Torodd la liberté et la permission de retourner en Islande.

LX

La Lutte suprême

En Angleterre, Knut le puissant, roi du Danemark, avait fait de grands préparatifs de guerre. Une flotte puissante sort des eaux de la Tamise et vient amarrer dans le Limfjord, sur les côtes du Danemark. Olaf et Aanund avaient déjà pris l'offensive et fait invasion dans le Danemark. Devant les forces de Knut ils se replient vers

la Suède, ravageant le pays sur leur passage.
Le peuple, qui s'était d'abord rangé de leur côté
pour éviter le pillage, se hâte maintenant de se
mettre sous la protection de Knut.

Knut ne tarde pas à prendre contact avec ses
ennemis à l'embouchure du Helgeaa, dans le
Skaane, où ils s'étaient retirés. A son approche,
Olaf, remontant à l'amont du fleuve, endigue
le lac qui lui donne naissance au moyen de
troncs d'arbres, de branches, de pierres et de
terre, et par des canaux qu'il fait creuser il y
amène encore les eaux des lacs supérieurs.

Par des manœuvres habiles Aanund, voyant
les voiles de Knut s'approcher, dégage sa flotte
du chenal et se tient prêt au combat, tandis que
les navires de Knut, comme on 's'y attendait,
allaient occuper la place abandonnée par Aanund
dans le chenal. Sur un signal d'Aanund, Olaf
ouvre la digue et, pendant la nuit, descend par
un chemin raccourci vers la flotte. Tout à coup,
le matin, les eaux, charriant de gros troncs
d'arbres, déferlent violemment contre les navires
de Knut qu'elles projettent sur la rive, submer-
gent ou emportent en grand désordre vers la
flotte des deux rois qui achèvent leur désastre.
Knut et son navire ne doivent leur salut qu'à la
prompte et vigoureuse contre-attaque du jarl
Ulv, dont la flotte vient juste à temps pour les
délivrer de l'étreinte des assaillants.

Les pertes de Knut étaient assez grandes et
ses plans d'attaque suffisamment bouleversés
pour que personne ne songeât plus à poursuivre
la flotte des deux rois coalisés ou à couper
leur retraite.

Cependant un grand nombre de Suédois étaient
las de la guerre et retournaient chez eux. Quand
Aanund s'en aperçut il constitua un husting,
c'est-à-dire un conseil de famille, auquel tous
les intéressés prirent part. Toute la flotte se rendit à terre et la séance fut ouverte. Aanund fait
alors le récit du bilan de la campagne qu'ils
viennent de terminer et propose à Olaf l'alternative ou de passer l'hiver en Suède où ils pour-
raient prendre ensemble les nouvelles décisions
que dicteraient les circonstances, ou, s'il le préférait, de se retirer en Norvège en traversant la
Suède.

Olaf remercia Aanund de son aimable prévenance. Il voulait cependant lui soumettre un
autre plan. A son avis l'armée dont il disposait
était encore assez forte pour garder la position.
Il estimait que c'était seulement les moins intré-
pides qui s'étaient évadés et que la fleur des
vaillants était encore là. Il avait le pressenti-
ment que l'armée de Knut allait se dissoudre
faute d'occupation, qu'une grande partie des
gens de son armée, dont les maisons ont été saccagées et les champs dévastés, se hâteraient d'aller
réparer les ruines. Et dans ce cas il ne serait pas
facile de prédire qui emporterait finalement la
victoire. Le discours d'Olaf fut vivement applaudi
et son plan accepté à l'unanimité.

Knut, de son côté, surveilla d'abord ses ennemis. Mais ayant constaté la réduction de leur
armée par la retraite d'un grand nombre de
guerriers, il jugea inutile d'épuiser ses forces en
une stérile surveillance et replia son armée vers
Oresund, où elle établit son quartier d'hiver.

LXI

L'Assassinat d'Ulv par Knut et Profanation de l'Eglise

Ulv, gendre de Knut et son mandataire au Danemark, avait acquis une grande puissance, mais il avait le tort de déplaire à son souverain. A la suite d'une querelle à propos d'une partie d'échecs, en dépit de tous ses services et de la généreuse hospitalité qu'Ulv lui avait accordée, le roi le fit massacrer le matin dans le chœur de l'église de Sainte-Lucie, pendant qu'il y assistait à l'office. Les moines firent aussitôt fermer l'église et suspendre l'office en signe de désapprobation et de deuil. Mais Knut eut le front de les braver, les força de rouvrir l'église et de continuer le chant de la messe.

LXII

Les Rois alliés se séparent

Lorsque, suivant les prévisions d'Olaf, l'armée de Knut eut diminué beaucoup, les deux rois convoquèrent de nouveau un husting. Olaf rappela alors que ce qu'il avait prévu était arrivé, il insista sur la nécessité d'agir avant le retour de ceux qui s'étaient absentés de l'armée de Knut. Mais cette fois les Suédois manifestaient une intention contraire et demandaient à retourner chez eux. En face de cette opposition subite, les rois n'eurent que le choix de se séparer ; Aanund partit donc avec les siens, mais Olaf resta avec les Norvégiens.

LXIII

Un Pardon magnanime et un Prodige

Pendant le séjour à cet endroit, Olaf exerce un grand acte de clémence et fait un prodige. Près du camp, de nombreux prisonniers de guerre gémissaient dans les fers en attendant leur sort. Émus par leurs lamentations, les deux gardiens les laissèrent s'échapper pendant la nuit. Cette action, blâmée par tous et taxée de crime, constituait un cas de mort. Olaf, extrêmement contrarié, n'était pas loin de leur appliquer le châtiment encouru. Mais, touché de leur profond repentir, il leur accorda le pardon. L'un de ces gardiens, Egil Hallsön, tomba ensuite malade et souffrait de grandes douleurs. Olaf mit la main sur le côté endolori et récita des prières. Tout à coup les douleurs cessent et le mal disparaît.

Tove, l'autre coupable, reçut le pardon sous condition d'amener à Olaf son père encore païen. Le roi convertit le vieillard et lui fit donner le baptême avant sa mort, qui arriva peu de temps après. C'est ainsi qu'Olaf savait en tout exercer son apostolat et sauver des âmes.

LXIV

Les Trahisons

Dans les fréquents conseils qu'il tenait avec les siens, Olaf ne tarda pas à s'apercevoir qu'il s'opérait des défections dans son armée et que souvent les conseils qu'on lui donnait étaient dictés par des motifs inavouables. Knut entretenait en effet des espions secrets dans l'armée d'Olaf et s'efforçait, par toute espèce de libéralités et de présents, à corrompre ses hommes. Olaf, sentant la trahison rôder autour de lui, prit la résolution de retourner en Norvège avec ceux qui voulaient le suivre. Il passa par le haut du Gautland, après avoir envoyé les navires et tout ce qu'il ne pouvait pas prendre avec lui à Kalmar, à l'est de la Suède, où il les mit sous bonne garde.

Un de ses chefs, Haarek de Tjötö, s'excusa de ne pouvoir suivre Olaf. Il retourna à Tjötö sur son navire en passant sans difficultés tout près de la flotte de Knut. Pour donner le change, il fit bien semblant de dissimuler son navire. Mais personne ne s'y laissa tromper. Le soupçon de s'être vendu à Knut continuait à peser sur lui et sa conduite ultérieure ne put que le confirmer.

Olaf vint à Sarpsborg où il démissionna son armée, ne gardant auprès de lui que quelques-uns des plus fidèles amis.

Un des plus fidèles serviteurs d'Olaf, le scalde Sigvat, dont le roi avait fait son maréchal, revint d'un long voyage qu'il avait entrepris. Olaf n'ignorait pas qu'il avait visité Knut. C'est pourquoi il lui fit une froide réception. Il lui dit même ouvertement : « Je ne sais si, dorénavant, tu veux être mon maréchal ou le valet de Knut. » Sigvat n'avait rien à cacher à son souverain. Il avoua que Knut l'avait bien tenté, mais qu'il lui avait répondu : « Je ne puis servir deux maîtres. » Olaf, satisfait de la réponse de Sigvat, l'invita à reprendre sa place de maréchal et le jour de l'an suivant, en reconnaissance de ses services et de sa fidélité, il lui remit, comme étrennes, un glaive d'honneur d'un grand prix.

Parmi ceux qui se sont laissés séduire par les largesses de Knut il y avait le puissant Erling Skjalgsön et ses fils ainsi que Tore Hund. Ils allaient même jusqu'à se faire les agents et les intermédiaires de Knut auprès des autres Norvégiens, surtout dans le nord du pays, en leur distribuant les dons de Knut pour les gagner à sa cause. Leurs agissements n'avaient réussi que trop. Olaf, qui savait que les esprits lui étaient aliénés, n'osait plus se hasarder à visiter les contrées du nord de la Norvège, comme la loi et l'usage le prescrivaient. Il resta dans le sud. Ici il continua à visiter le pays et à remplir l'office royal de juge comme auparavant.

LXV

Olaf acquitte les Innocents et punit les Coupables

Un de ses fermiers dans le Hedemark, nommé Björn, eut l'impudence d'accuser deux frères des crimes qu'il avait commis lui-même. Olaf fit venir les deux frères, Sigurd et Dag, à son tribunal. Le roi reconnut bientôt leur innocence et les acquitta. Les deux frères invitèrent ensuite le roi à venir chez leur père, Raud, et à accepter son hospitalité pendant trois jours. Le roi y consentit gracieusement. Il prit plaisir à s'entretenir avec Raud et à s'informer des conditions et des origines de sa famille. Raud était fier d'apprendre au roi que lui-même tenait d'une famille noble et que sa femme descendait d'un sang royal.

Olaf s'informa aussi des aptitudes des deux fils de Raud.

Le premier, Sigurd, affirma avoir le don remarquable de pouvoir expliquer les songes et d'indiquer les heures de la journée sans même voir les astres. Le roi lui en fit donner des preuves et les trouva parfaites. Le second, Dag, déclara qu'il avait la faculté de deviner les qualités et les défauts de tout individu qu'il voyait, s'il voulait se donner la peine d'y faire attention et de réfléchir. Le roi le pria de lui révéler le défaut qu'il pouvait découvrir chez lui. Il ne fut pas peu surpris de ce que Dag lui révéla.

Alors le roi lui demande quel défaut il voyait chez son fermier Björn. Sans hésiter, Dag lui dit : « Björn est un voleur. C'est lui qui a commis tous les vols dont il a accusé les autres l'automne dernier. » En même temps il indiqua à Olaf les endroits où il avait caché les os, les cornes et les peaux du bétail volé par lui.

Au départ Raud combla de présents son hôte royal et permit à ses deux fils de le suivre.

La première visite d'Olaf fut chez Björn. Le roi n'eut point de peine à vérifier l'exactitude des indications de Dag. Olaf ne pouvait tolérer ces iniquités et le châtiment ne se fit pas attendre. Björn fut dépouillé de tout et chassé du pays.

Olaf reçut encore une autre invitation d'un jeune gentilhomme de dix-huit ans, fils d'une sœur de Tore Hund, d'une belle prestance, richement marié, doué des hautes qualités qui ouvrent la voie aux dignités de seigneur et portant le nom de Tore comme son oncle. Le roi et sa suite étaient émerveillés de la belle tenue du gentilhomme, de la somptuosité du festin, de l'élégance de la maison, et en parlaient avec admiration entre eux. Il n'y eut que Dag qui sut modérer ses termes d'admiration et d'éloges.

Le roi avait appris à apprécier le jugement de Dag et aimait à le consulter. Dans un entretien seul à seul avec Dag il lui énuméra et loua hautement les rares qualités de Tore. Modestement Dag approuva le roi et lui dit : « Vous avez raison. »

Cependant Olaf n'était satisfait qu'à demi. Il devinait des lacunes. « Quelles dispositions d'esprit remarquez-vous chez Tore? dit-il. Vous avez le devoir de me dire toute la vérité. »

— « Dans ce cas, roi, il faut me promettre de me laisser arbitre de la vengeance, si je découvre la faute. »

— « Je ne veux pas soumettre mon jugement à d'autres. Tu es obligé de répondre à ma question sans condition. »

— « Les paroles du roi sont précieuses : je n'ai qu'à obéir. Voici ce que je considère comme la disposition d'esprit de Tore : il a la cupidité des biens, ce qui peut bien arriver aussi à d'autres. »

— « Est-il voleur ou brigand? »

— « Non. »

Le roi devient de plus en plus curieux.

— « Qu'est-ce donc? »

— « Pour avoir des biens il s'est fait traître du roi, il a reçu de l'argent de Knut le puissant et s'est engagé à te ravir la vie. »

— « De quelle façon le prouves-tu? »

— « A son bras droit, au-dessus du coude, il porte un lourd anneau d'or que le roi Knut lui a donné et qu'il ne laisse voir à personne. »

Le roi se lève incertain, bouleversé, mais décidé à pénétrer le mystère et à en tirer les conséquences. Il se remet à table. Déjà la boisson avait animé les convives et la joie était à son comble. Tore dirigeait avec soin et dextérité le service. Olaf l'appelle à lui.

— « Quel âge as-tu? »

— « J'ai dix-huit hivers. »

— « Tu es bien grand et habile pour ton âge, Tore. »

En disant cela, le roi lui saisit le bras et le caresse au-dessus du coude.

— « Doucement, j'ai une tumeur au bras ! »

Le roi ne lâche pas : « N'as-tu jamais entendu dire que je suis médecin ? Fais-moi voir la tumeur. »

Ne pouvant plus échapper, Tore découvre l'anneau.

— « Est-ce le don de Knut ? »

— « Je ne puis le nier. C'est lui qui me l'a donné. »

La preuve était évidente, irrécusable : c'était un traître pris en flagrant délit. Olaf ordonne de charger Tore de fers et de le mettre en prison.

LXVI

La Justice avant les Intérêts personnels et politiques

Kalv s'avance pour intercéder. Il s'offre de payer la rançon que le roi voudra bien demander. Un grand nombre d'autres seigneurs se joignent à lui. Mais Olaf a une telle horreur de la traîtrise en général, et celle-ci est si vilaine et si grave, qu'il ne peut se laisser fléchir. « Je lui réserverai le châtiment qu'il mérite », dit-il, refusant toute composition.

L'exécution du jeune criminel était sans doute justifiée par la loi et les mœurs du temps, mais elle était une lourde faute politique. Elle exaspéra les ennemis d'Olaf, et Kalv, qui avait élevé Tore, en conçut un profond dépit.

Le frère aîné de Tore, Grjotgard, exaspéré et furieux, se mit en révolte, se cacha dans les bois et fit de continuelles irruptions sur les gens et les biens d'Olaf, exécutant les coups de force les plus audacieux. Une nuit il s'aventura jusque dans une maison du voisinage d'Olaf. Pendant la nuit le roi fit cerner la maison et le matin Grjotgard s'éveilla au bruit des armes. Il comprit tout de suite le guet-apens, se mit en armes, et courant à la porte il demande quel est le chef de l'armée. On lui répond que c'est le roi Olaf lui-même.

— « Le roi peut-il entendre mes paroles? » s'écrie Grjotgard.

Le roi, debout devant la porte, répond : « J'entends tes paroles, tu peux dire ce que tu désires. »

— « Je ne demande pas de quartier », hurle Grjotgard. Il se couvre de son bouclier, brandit son glaive et s'élance comme un tigre vers le roi qu'il cherche à atteindre. Mais au lieu d'atteindre le roi le glaive s'enfonce dans le corps d'Arnbjörn Arnesön, qui tombe mort à ses côtés. Grjotgard est assailli et abattu sur place et la plupart de ses compagnons périssent avec lui.

Après ces événements tragiques le roi retourna à Viken. A Tönsberg il essaya d'appeler le peuple sous les armes, mais il n'y eut que peu de monde qui répondît à son appel. L'expédition qu'il arrangea pour faire venir les navires et les effets qu'il avait laissés dans le Gautland fut difficile et ne s'effectua que lentement, entravée par Knut qui n'avait pas moins de 1440 navires stationnés sur tous les points de la côte du Danemark.

LXVII

Knut s'empare de la Norvège

La situation devint de plus en plus critique. Olaf ne l'ignorait pas et ne cacha pas ses inquiétudes à son entourage. Non seulement il eut à déplorer de nombreuses défections, mais il eut encore la douleur de voir qu'on profitait de sa faiblesse pour commettre des crimes et exercer la vengeance la plus injuste contre ceux mêmes qui lui restaient fidèles. C'est ainsi qu'il apprit que Haarek, à Tjötö, avait fait incendier les maisons de Grankel, qu'il avait fait périr avec une trentaine des siens dans les flammes.

Sur ces entrefaites Knut avait dirigé sa puissante flotte le long des côtes jusqu'au nord de la Norvège, se faisant acclamer et accepter partout comme roi de la Norvège, prodiguant à tous ses largesses et ses promesses. Personne ne résista à la tentation, on rivalisait même d'empressement et de zèle pour servir et exalter le vainqueur. Erling Skjalgsön fut un des premiers à se lier d'amitié avec Knut. En retour il reçut la promesse de devenir gouverneur de tout le pays entre Stad et Bratsberg. Haarek, Tore Hund, Tambeskjelve reçurent des fiefs de Knut et devinrent ses vassaux. Une multitude d'autres seigneurs suivirent ces exemples.

La trahison n'a cependant jamais eu le don d'inspirer de la confiance à personne, pas même

à ceux qui la provoquaient et en profitaient.
Knut le prouva bien, car il exigea et prit des
otages de tous ceux qu'il s'attachait de cette
manière.

Devenu roi de tout le pays sans coup férir,
Knut convoque une assemblée, dans laquelle
prennent part son armée et les gens du pays
conquis. Dans cette assemblée le jarl Haakon,
pris autrefois et forcé par Olaf d'abdiquer, fut
rétabli dans ses fonctions de gouverneur du
pays par Knut, qui nomma en même temps son
propre fils, Haardeknut, roi du Danemark.

Knut ayant regagné le Danemark, Olaf sort
du fjord d'Oslo où il s'était tenu caché avec ses
treize bateaux. En longeant la côte vers le nord
il reconnut bientôt que le pays l'avait abandonné
et trahi. Il n'y eut que très peu de monde qui
se joignît à lui ou qui lui prêtât du secours.

LXVIII

Mort de Skjalgsön. — Olaf se refugie en Russie. — Quelques Miracles

Aux îles de Sel, à l'ouest de Lindesnes, Olaf
apprend qu'Erling Skjalgsön a réuni une armée
au Jæderen. De son côté, Erling avait espionné
Olaf et épié l'approche de sa flotte que le roi
dirigeait vers le nord dans l'intention de la
compléter dans ces contrées. Erling voit le
moment d'une offensive propice. Il laisse la
flotte du roi passer les côtes du Jæderen et se
met à sa poursuite avec une flotte bien supé-

rieure. Son navire, allant plus vite, laisse les autres en arrière et se sépare d'eux. Olaf, l'ayant observé, fait ramener ses voiles, entre avec toute sa flotte dans un étroit bras de mer entre les îles de Boken, et s'arrête derrière un cap qui le cache. Erling, dirigeant son bateau à la poursuite de la flotte d'Olaf vers le détroit, se voit tout à coup entouré des bateaux du roi. En un clin d'œil la bataille est engagée, furieuse, terrible. Les hommes d'Erling tombent l'un après l'autre à leur poste. A la fin Erling se trouve tout seul à la proue, couvert du casque, le bouclier devant la poitrine et le glaive à la main, se défendant tout seul comme un lion contre les assaillants.

Olaf, qui l'observe, admire l'intrépidité de son adversaire et en est ému : « Erling, dit-il, aujourd'hui tu nous montres ta face. »

Erling ne témoignait pas moins d'admiration pour le courage prodigieux et surhumain d'Olaf:

— « Les aigles se battent face à face », riposte-t-il promptement.

Olaf, appréciant la valeur d'Erling, voit les avantages qu'il peut en tirer.

— « Veux-tu te mettre à mon service, Erling ? »

— « Je le veux, roi. »

Otant son casque, déposant son glaive et son bouclier, Erling descend de sa place élevée à la proue et s'avance vers le roi. Olaf, voulant bien faire sentir à Erling l'énormité de sa trahison, par laquelle il avait encouru la peine de mort, lui pousse la pointe de sa hache dans la joue en disant : « Il faut que le traître du roi en porte la marque. »

C'était bien imprudent et le geste lui coûta cher, car un guerrier, Aslak, interprétant mal l'action royale, abat sa hache sur la tête d'Erling qu'il fend en deux jusqu'aux épaules.

« Malheureux que tu es! s'écrie Olaf. Ton coup vient de m'arracher la Norvège des mains. »

Apostrophé ainsi par le roi, Aslak reconnaît, mais trop tard, son méfait irréparable et se confond en excuses : « Ce n'était pas mon intention. Je croyais au contraire vous l'assurer pour toujours. Si le roi m'en veut du mal, les autres m'en voudront encore bien plus. »

Olaf lui pardonne, défend de piller les morts et ordonne à tous la retraite le plus vite possible. Au même instant les autres navires d'Erling arrivent à leur tour. La mort de leur chef fut si imprévue, si foudroyante, que personne ne songe à prendre sa place ou à attaquer la flotte d'Olaf, qui s'éloigne sans entraves et continue sa route vers le nord.

Arrivé aux îles Herö, au nord de Stad, Olaf apprend que les fils d'Erling le poursuivent avec une armée venant du sud et que Haakon, avec d'autres s'avancent contre lui avec une grande armée du nord. Des hauteurs les hommes pouvaient déjà en apercevoir les avant-postes. Olaf ne songe donc plus qu'à éviter leur rencontre et à fuir en manœuvrant sa flotte dans les nombreux passages entre les îles formant archipel le long de la côte. C'est ainsi qu'il parvient à Valldal, dans le Storfjord, où il quitte ses bateaux, dont il n'avait plus que cinq, pour s'engager dans les montagnes. Résigné et s'abandonnant tout entier à la volonté de Dieu, il mar-

que d'une croix l'endroit du débarquement.
Pendant sa marche il apprend avec douleur qu'un
fils d'Arne, Vigleik, avait tué Aslak pour se ven-
ger de la mort d'Erling. Le frère de Vigleik,
Kalv, venait de le quitter pour se joindre à
Haakon avec les autres.

Olaf prie un paysan de lui dire si, de la vallée,
on pouvait passer à Lesjar. « C'est impossible,
dit le paysan, le passage est barré par des monceaux de roches que ni hommes ni chevaux
sont capables de franchir. » Olaf insiste : « Nous
essayerons, paysan, cela ira comme Dieu le voudra. Venez demain avec vos chevaux et nous
verrons, quand nous arriverons aux roches, s'il
n'y a pas quelque moyen de les franchir soit
avec les chevaux soit avec les hommes. »

Le lendemain les chevaux sont chargés des
effets et les hommes vont à pied. Interrompant
la montée le roi se repose un instant sur une
hauteur qui plus tard fut marquée par deux
croix. « Mes sujets qui ont changé leur fidélité
m'ont imposé un pénible voyage », dit-il.

Au pied du monceau de roches tombées de la
montagne à pic, le roi demande au paysan Bruse,
qui les guide, s'il n'y a pas là un chalet où l'on
puisse se reposer pendant la nuit. Sur sa réponse
affirmative Olaf commande une halte et fait préparer sa tente pour la nuit. Le matin il détache
une troupe qui doit aller trouver un passage.
Le soir elle revient sans avoir rien trouvé.
« Jamais on ne pourra passer par là », répé-
taient les hommes en chœur.

On passa une nouvelle nuit dans les tentes.
Mais le roi passa toute la nuit en prières. Le jour

suivant, de grand matin, il envoie de nouveau la troupe chercher un passage, mais ce n'est qu'avec peine que les hommes obéissent, convaincus de l'inutilité des efforts.

Après leur départ le chef de cuisine, très inquiet, vient dire à Olaf qu'il n'y a' plus que deux morceaux de viande fort insuffisants pour nourrir quatre cents hommes et cent paysans. Le roi lui dit de les partager et d'en mettre un morceau dans chaque marmite. On le fait. Olaf trace le signe de la croix sur les marmites et commande au chef de cuisine de préparer la nourriture. Puis il s'en va lui-même voir si on a découvert un passage. Il trouve les hommes assis, fatigués de leurs inutiles tentatives. Bruse reproche au roi de n'avoir pas voulu croire à leur parole et de demander l'impossible. « Jamais on ne pourra se frayer un passage par ici », affirme-t-il de nouveau avec conviction.

Olaf prend alors son manteau, le met sur les pierres, et leur dit d'essayer encore une fois en s'y mettant tous. On obéit pour lui montrer l'impossibilité matérielle de l'entreprise. Subitement, au grand étonnement de tous, les pierres se laissent enlever et transporter comme par enchantement. Ce que cent hommes ne pouvaient remuer, vingt l'enlèvent à présent sans peine. A midi le passage était prêt, large et très commode pour les hommes aussi bien que pour les chevaux chargés.

Il était temps de retourner pour prendre le repas et l'appétit ne manqua pas après le travail du matin. Lorsque tous furent rassasiés, il resta encore une abondante provision, suffisante pour les jours suivants. Le cuisinier, ne pouvant comprendre d'où cela venait, en exprima son étonnement au roi. Olaf l'attribua à la bonté de Dieu et ordonna d'en faire de larges provisions pour les paysans qui allaient retourner chez eux.

Non loin de l'endroit du miracle il y avait une source d'eau. Olaf s'y lava. Depuis ce temps, dit-on, le bétail malade qui en boit est délivré de la maladie.

On passa la nuit suivante sur le haut plateau de la montagne. Olaf prit son repos dans un chalet que Bruse lui avait indiqué, mais qu'on disait hanté d'un mauvais esprit. Une tradition raconte qu'au milieu de la nuit on entendit les cris d'un esprit qui se lamentait d'être brûlé et chassé de sa demeure par les prières d'Olaf.

Le jour suivant la marche est poursuivie à travers le Gudbrandsdal et le Hedemark. Alors le roi dit, à ceux qui l'ont suivi jusque-là, qu'il avait l'intention de quitter le pays. Il promet de revenir un jour si Dieu lui prête vie, affirmant qu'alors le peuple reviendra de nouveau à lui. Il leur prédit que Haakon sera vaincu, que Knut le puissant sera mort dans peu d'années et son royaume anéanti, faute de successeur. C'est ce qui arriva.

A tous ceux qui en manifestent le désir, Olaf donne la permission de retourner chez eux. Il ne garde auprès de lui que la reine Astrid, sa fille Ulvhild, son fils Magnus et quelques amis fidèles. Les maréchaux Björn et Sigvat retournèrent à leur ferme. Olaf les pria de lui donner des nouvelles de ce qui se passerait d'important dans la suite.

Avec sa petite escorte le roi traverse maintenant le Vermeland et arrive à Nærike, où il reçoit l'hospitalité d'un homme puissant, Sigtrygg. L'été suivant il se procure des navires et se rend à Gardarike, en Russie, où il est bien accueilli par le roi Jarisleiv (Jaroslaw) et la reine Ingegerd. La reine Astrid et sa fille Ulvhild restèrent en Suède. Jarisleiv donna à Olaf autant de terres dans son royaume qu'il pouvait désirer pour sa subsistance et celle de sa suite.

LXIX

Les Mœurs et les Vertus d'Olaf

D'après la remarque de Snorre, le peuple considérait Olaf comme un homme de mœurs irréprochables. La seule chute grave qui est mentionnée dans sa vie, n'autorise assurément pas à conclure qu'il n'a pas mené une vie sobre et pure. Snorre ne dissimule pas les écarts d'Olaf et il est loin de cacher ou d'excuser les gestes du viking. Quant aux actions nobles et généreuses d'Olaf, à ses sentiments de piété, d'abnégation, de condescendance, de miséricorde, de pardon, Snorre les raconte pour ainsi dire en passant, avec une remarquable sobriété, avec froideur même, comme s'il craignait d'en dire trop. Sa probité d'historien ne fait aucun doute et nous pouvons être certains qu'il n'a pas exagéré quand, en des termes dénués de toute sentimentalité, il nous dépeint Olaf comme un homme de bien, adonné toute sa vie à la prière, passant les nuits en oraison devant Dieu, assistant tous les jours aux offices à l'église ; comme un homme de foi mettant toute sa confiance en Dieu et qui, à plusieurs reprises, voit ses prières exaucées et opère des miracles.

Mais la sainteté se révèle et se perfectionne bien plus dans l'adversité que dans la prospérité. Quand Dieu envoya à Olaf les grandes épreuves, il était prêt à les recevoir. Sa confiance en Dieu, loin de se laisser ébranler par les revers, n'en devint que plus grande et plus ferme. Il accepte la perte de sa puissance avec une admirable résignation, sans amertume et sans regret. À mesure que sa puissance diminue son âme s'élève et grandit : il n'aspire qu'à une chose : servir Dieu et faire sa volonté. Il s'y était exercé depuis longtemps. Ce sentiment d'abandon à la volonté de Dieu n'est pas venu tout d'un coup. On voit aussi qu'il a toujours employé sa puissance royale à promouvoir la justice, le service de Dieu et la foi qu'il défendait envers et contre tous, sans jamais faiblir devant aucune difficulté. Son sentiment de justice le guidait en tout, et on chercherait en vain dans l'application des châtiments une vengeance personnelle ou la satisfaction d'une rancune. Sous son règne, les Norvégiens ont cessé de vivre de brigandages et de rapines. Il leur a appris à se nourrir honnêtement de leurs travaux. Les contraventions, les violences injustifiées et les meurtres étaient sévèrement réprimés, sans distinction de personnes et de rang. C'est ce qui lui a suscité de nombreux et puissants ennemis. Mais il préférait perdre la royauté plutôt que de sacrifier la justice.

Les châtiments qu'il a dictés ou appliqués peuvent nous paraître quelquefois excessifs. Ils ne l'étaient pas alors. La barbarie des mœurs ne cédait qu'à la force. La douceur passait facilement pour une faiblesse. Et malgré la vigilance et la sévérité royales il se commettait encore bien des crimes et de sanglantes vengeances quand les coupables se croyaient à l'abri de l'impunité.

La plupart des mécontents étaient plus ou moins chargés de crimes, pour lesquels ils avaient subi ou craignaient de subir la juste sévérité d'Olaf. A tout cela se joignait encore la cupidité dont Knut savait si bien tirer profit en prodiguant ses largesses et ses promesses. Ne voulant point capituler devant cette conspiration du crime et de l'avarice, Olaf abandonna le pouvoir et se rendit volontairement à l'exil.

LXX

Stoïcisme des Vikings

La force native et brutale de ce peuple de vikings éclate tout particulièrement dans la mort tragique de Jaakul, un Islandais qui, en récompense de sa trahison envers Olaf, avait reçu le commandement de Visunden, un navire pris à Olaf. Plus tard il tomba entre les mains des guerriers d'Olaf et fut condamné à avoir la tête tranchée. On le fit asseoir sur une colline.

Entendant le sifflement de la hache, Jaakul, redresse la tête qui, au lieu d'être tranchée, reçoit une blessure béante, mortelle, dans le crâne. L'exécution est suspendue.

'Jaakul, toujours plein de vie et restant assis sur la colline, ne se lamente point, mais exhale sa douleur en dithyrambes :

Les blessures me brûlent de douleur,
Assis souvent j'ai vu plus de bonheur.
Voici que de mes plaies jaillit
Comme d'une source chaude le rouge sang abondant.

Le sang se précipite,
Je me fais à la douleur.
Le roi couvert du casque, en honneur,
Me poursuit de sa colère.

LXXI

De Nouvelles Défections

Kalv, qui avait escorté Olaf jusqu'au dernier moment, ne l'eut pas plutôt quitté qu'il alla trouver Haakon et noua amitié avec lui. Après il se rend en Angleterre auprès de Knut qui lui promet de le faire gouverneur à la place de Haakon dont le sentiment de justice, dit-il, est si profond qu'il ne lèvera jamais un doigt contre Olaf, dans le cas où un hasard imprévu devait le mettre en sa présence. Kalv, fier de son élévation future, se croyait déjà au faîte de la puissance et des honneurs. Ses espoirs ne devaient jamais se réaliser. Son rêve eut au contraire un cuisant réveil.

Le maréchal Björn alla cultiver ses champs et soigner ses propriétés. Hâakon lui envoya une députation et fit miroiter devant ses yeux l'or, l'argent, des pierres précieuses, sans négliger les plus brillantes promesses, le tout appuyé de la menace de l'exil s'il osait persister dans le refus d'accepter l'amitié si généreusement offerte de Knut et d'entrer à son service. Björn n'eut pas la force de résister jusqu'au bout : la cupidité et la crainte l'emportèrent.

Cependant lorsque Haakon, allant en Angleterre pour chercher sa fiancée, eut disparu en mer avec son navire et sa fiancée dans une tempête, Björn se crut délié de ses serments de fidélité envers lui, se repentit de sa chute, alla se jeter aux pieds d'Olaf à Gardarike et lui demander pardon. Depuis il ne quitta plus le roi.

LXXII

A Gardarike

Olaf hésita longtemps entre différents plans qu'il roulait dans son esprit. Le roi Jarisleiv, connaissant le zèle d'Olaf pour l'extension de la foi, lui offrit le royaume de la Bulgarie, dont il pourrait convertir le peuple encore païen. Mais son entourage l'en dissuadait, l'engageant au contraire à revenir en Norvège. D'un autre côté, Olaf se sentait une forte inclination à la vie solitaire et pensait à renoncer complètement à la couronne et à se vouer à la vie monastique à Jérusalem ou ailleurs. Cependant son œuvre en

Norvège étant encore inachevée, la pensée d'y
retourner pour consolider la foi ne le quittait
pas. Il en pesait sérieusement les difficultés et
les chances. Les nouvelles que Björn lui avait
apportées de la Norvège, lui donnaient à réfléchir. Il y réfléchit en effet beaucoup, mais sans
pouvoir se décider. Plus que jamais il eut
recours à la prière, s'abandonnant à la Providence de Dieu, qu'il suppliait de lui faire connaître sa volonté et de le guider.

Il est rapporté qu'il eut alors une vision en
songe. Un homme resplendissant de lumière lui
apparut et lui dit de retourner en Norvège, que
Dieu lui a réservée en héritage. Depuis ce
moment, la pensée de revenir en Norvège grandit
et s'affermit en lui de jour en jour.

A Gardarike, le fils d'une veuve, ayant une
tumeur grave à la gorge qui l'empêchait d'avaler
la nourriture, allait à une mort certaine. Dans
sa détresse, la mère eut recours à la reine
Ingegerd. Mais celle-ci la renvoya à Olaf. Sur
les instances de la mère, Olaf guérit le malade.
On croyait alors que la guérison était le simple effet de l'art d'Olaf, mais plus tard, quand
sa sainteté fut reconnue, on la considéra comme
un miracle.

Le fait suivant montre à quelle élévation de
foi et d'héroïque abnégation Olaf a su par-
venir.

Un dimanche il était assis dans sa chaise,
absorbé dans sa pensée. A la main il tenait une
baguette qu'il taillait d'un couteau sans faire
attention. Un serviteur, passant par hasard, le
remarque, fort surpris de voir travailler son

maître le dimanche, mais persuadé qu'il le faisait par distraction. Il s'approche et lui dit,
avec infiniment de précaution : « Seigneur,
demain c'est lundi. » Olaf le regarde étonné,
mais devinant la pensée du serviteur il le prie
de lui apporter un cierge allumé. Puis ramas-
sant les copeaux il les brûle dans sa main en
expiation de la faute inconsciente et du scan-
dale involontaire.

Cet acte héroïque ne manqua pas de produire
une profonde impression sur son entourage. Tous
admiraient la force d'âme extraordinaire d'Olaf,
son esprit d'abnégation et de pénitence connu
depuis longtemps, son ardent amour de Dieu et
du prochain dont sa vie donnait tous les jours
les témoignages les plus émouvants.

LXXIII

Le Retour d'Olaf en Norvège

Jarisleiv et Ingegerd auraient bien voulu retenir chez eux leur hôte royal. Ils ne lui cachèrent
pas leurs appréhensions sur les suites que pouvait avoir son retour en Norvège. Avec les faibles forces dont il disposait, il ne pourrait, à
leur avis, que courir à sa perte et devenir la
proie de ses ennemis.

Olaf, au contraire, leur fit comprendre que
c'était la volonté de Dieu. Jarisleiv et Ingegerd
s'inclinèrent devant ces raisons et lui promirent
leur concours et leur aide.

Noël passé, Olaf fit les préparatifs de son départ. Il avait à peu près deux cents hommes à sa suite. Jarisleiv lui fournit les chevaux et l'équipement nécessaires. En partant, Olaf laissa son fils Magnus à la cour de Jarisleiv. Le même hiver encore il poussa sa marche jusqu'à la mer Baltique. Au printemps, à la rupture des glaces, il pourvoit ses bateaux de grès et de provisions, et au premier vent favorable il appareille et fait voile vers le Gautland. Là il reçoit la confirmation de la mort de Haakon et de l'absence en Norvège de tout gouvernement. Ces nouvelles raniment son espoir de succès et stimulent l'ardeur de ses guerriers. Il fait entrer sa flotte dans le lac de Mæler et de là se rend à Upsal. Son arrivée remplit le roi Aamund de joie. L'entrevue des deux souverains est cordiale ainsi que celle de la reine Astrid et des hommes qui l'ont suivie en Suède.

En attendant, les chefs les plus puissants en Norvège avaient tous cherché à augmenter le plus possible leur influence et leur pouvoir.

Tore Hund avait acquis de nouvelles richesses en ravageant la Finlande deux hivers de suite. A la nouvelle de l'approche d'Olaf, craignant la justice du roi, il réunit à la hâte une armée et se dirige à sa rencontre vers le sud. En route Haarek se joint à lui avec une armée prélevée dans sa province.

Einar Tambeskjelve n'aurait pas manqué de se joindre à eux, lui aussi, s'il n'avait été absent. Dans l'ambition de se faire nommer roi de la Norvège à la place de Haakon, il s'était rendu en Angleterre auprès de Knut pour le presser de tenir ses promesses. Mais Knut avait changé de sentiments. Il fit connaître à Tambeskjelve qu'il le récompensera suivant ses mérites et son habileté, mais qu'il avait réservé le royaume de Norvège à son propre fils. Einar Tambeskjelve comprit alors qu'il était vain de se fier aux promesses de Knut. Il mit donc moins d'empressement à manifester son ardeur contre Olaf et ne revint en Norvège qu'après les grands événements de la bataille de Stiklestad.

Les chefs du parti de Knut ayant acquis la certitude qu'Olaf était revenu en Suède, mobilisèrent leurs armées respectives dans la direction des points de la frontière suédoise d'où ils pouvaient craindre son invasion.

De leur côté, les chefs et les amis restés fidèles à Olaf réunirent aussi une petite armée de sept cents hommes avec laquelle ils allèrent à sa rencontre en Suède pour lui prêter main forte. Parmi eux se trouva son frère utérin Harald, âgé seulement de quinze ans, mais robuste et fort et refusant absolument de se retirer.

Olaf ayant demandé à Aanund quel appui il pouvait attendre de lui dans sa tentative de reconquérir la Norvège, fut déçu en apprenant qu'il ne pouvait compter sur une action officielle de la Suède. « Les Suédois, dit Aanund, ont peu d'envie de prendre part à une expédition contre les Norvégiens, qu'ils considèrent comme de bons guerriers, durs et difficiles à traiter en ennemis. Mais voici ce que je puis faire : « Je mets à ta disposition quatre à cinq cents excellents guerriers pris dans ma suite, bien armés et prêts au combat. Puis je te permets de traverser mon pays et d'engager tous ceux qui veulent te suivre. » Content de cette décision et du secours généreux d'Aanund, Olaf accepta son offre avec grande reconnaissance.

Se souvenant de Dag, fils du roi Ring qui, au commencement de son règne, prit la fuite devant lui, Olaf lui dépêche un message le priant de venir le rejoindre avec une armée, lui promettant le royaume perdu de son aïeul. Dag, sûr de la parole d'Olaf, n'hésite pas de suivre l'invitation et met sur pied une belle armée de quatorze cents guerriers. Puis Olaf fait encore appel à tous ceux que tentait le butin de guerre. Il n'en manqua point. Il y eut des aventuriers et des brigands, hommes d'armes inoccupés, qui se présentèrent, et ils furent acceptés. C'est ainsi que deux frères fameux, chefs de brigands, Tore et Avréfaste, avec une trentaine de sujets, vinrent lui offrir leurs services.

Olaf les examine sur leur origine, leurs noms, leurs antécédents. « J'ai bien envie de vous garder, dit-il à la fin, mais êtes-vous chrétiens? » — « Je ne suis ni chrétien ni païen, répond Gauke Tore. Moi et mes hommes nous n'avons qu'une foi, la foi en nous-mêmes, en notre force et au succès de nos armes. Et cela nous suffit. » — « C'est dommage, dit le roi, que des hommes qui paraissent être de bons guerriers, ne croient pas au Christ, leur créateur. » — « Y a-t-il bien un chrétien à ta suite, roi, qui ait grandi plus que nous deux frères? »

Les principes simplistes de philosophie du

guerrier ne pouvaient donner matière à discussion.

Olaf ne s'y arrêta pas, mais lui dit de se faire chrétiens, lui et les siens, s'ils voulaient entrer dans son armée, sinon de retourner à leurs occupations. Avrefaste refuse et se retire. Gauke Tore, plus fier et tenant à son honneur, est d'un autre avis. « C'est une grande honte, dit-il, que ce roi dédaigne notre aide ; jamais il ne m'est encore arrivé de me présenter quelque part où je ne fusse pas jugé digne d'aller en compagnie avec les autres hommes. Je ne veux pas retourner de cette manière. » Il se met dans les rangs.

Avec son armée Olaf passe la chaîne de montagnes du Kjöl qui sépare les deux pays, descend dans les plaines de la Norvège et arrive dans la vallée du Verdal. Ne voulant faire de tort à personne, il recommande fortement à ses troupes de marcher avec précaution pour ne pas endommager la récolte du paysan.

Ceux qui suivaient le roi de près prirent toutes les précautions pour ne pas causer de dégâts, mais les autres ne firent aucune attention et ruinèrent les champs de Torgeir Flekk. Sur la plainte de celui-ci, Olaf se fait montrer les champs : toute la moisson était piétinée et gisait à terre. Olaf en fait le tour à cheval et dit à Torgeir : « Dieu va réparer le dégât, ce champ se relèvera dans une semaine. » En effet, la moisson se releva et devint plus abondante dans ces champs qu'ailleurs.

LXXIV

La Bataille de Stiklestad

Aux premiers signes de l'approche de l'armée ennemie, Olaf fit la revue de ses troupes. Elles comptaient alors plus de trois mille guerriers. Parmi eux il se trouvait onze cents païens. Olaf les fit exhorter à se faire baptiser. « Je ne veux pas, dit-il, avoir des païens qui combattent à nos côtés. Nous mettons notre confiance en Dieu et non pas en nous-mêmes ou en nos armes. Nous gagnerons la victoire avec l'aide de sa puissance et de sa miséricorde. Je ne veux donc pas que les païens se mêlent à mes hommes. »

Les païens tinrent conseil ensemble. Un nombre de cinq cents consentirent à se faire baptiser tandis que six cents refusèrent et retournèrent en leur pays.

Gauke Tore et Avrefaste reviennent à la charge : ils offrent encore une fois leur service au roi.

« Avez-vous reçu le baptême ? »

— « Non. »

— « Alors faites-vous baptiser ou retournez. »

Encore une fois les deux frères délibèrent.

Avrefaste dit : « Je vais à la bataille et aider l'un des deux partis, peu m'importe lequel. »

Gauke Tore répond : « Si je vais à la bataille, je veux aider le roi, car c'est lui qui en a le plus besoin. Et s'il me faut croire en un Dieu, je ne vois pas qu'il soit plus difficile de croire au Christ qu'à un autre. Je suis d'avis de nous laisser baptiser, puisque le roi y tient tant, et d'aller avec lui dans la bataille. »

Ils furent donc baptisés et confirmés. Le roi leur assigna ensuite une place d'honneur sous sa propre bannière.

Après la revue, voyant l'heure de la bataille proche, le roi, en bon chef de guerre, donne ses ordres et parle à son armée en ces termes : « Nous avons une grande armée et des hommes de premier choix. Voici l'ordre de combat que nous allons choisir et suivre : mon étendard se tiendra au milieu de l'armée. Il sera suivi par les hommes de ma cour, par mes hôtes et par les hommes qui se sont joints à nous de la province et de Trondhjem. A la droite de mon étendard viendra Dag Ringsön avec son armée sous le second étendard. A la gauche de mes troupes marchera, sous le troisième étendard, l'armée que le roi Suédois nous a donnée et tous ceux qui sont venus à nous de la Suède. Je veux qu'on se partage en petits groupes, formés des parents et des connaissances, de cette manière ils se soutiendront mutuellement avec plus d'énergie et se reconnaîtront plus facilement dans la mêlée. Nous allons donner la sainte croix comme marque unique à toute notre armée en la traçant en couleur blanche sur nos casques et nos boucliers. Dans la bataille nous aurons tous le même cri de combat que voici : En avant, en avant, hommes du Christ, hommes de la croix, hommes du roi ! *(Fram, fram, Kristmænd, korsmænd, köngsmænd).* Nos corps d'armée resteront à leur place lorsque, décimés dans la lutte, nous aurons moins de monde. Car je ne veux pas nous laisser envelopper par l'ennemi. Quand vous aurez partagé les hommes en groupes nous les réunirons en corps pour que chacun connaisse la place qu'il doit garder et la distance qu'il doit tenir de l'étendard. Nos corps d'armée se tiendront prêts sous les armes jour et nuit jusqu'à ce que nous sachions à quel endroit la rencontre avec les paysans aura lieu. »

Les ordres du roi furent immédiatement mis à exécution. Lui et les chefs firent l'inspection des groupes.

Olaf avait envoyé des hommes dans les campagnes pour requérir du monde, mais ils ne réussirent à amener qu'un très petit nombre. Tous ceux qui étaient en état de porter les armes s'étaient déjà rendus à l'armée des paysans. Ceux qui restaient ne voulaient combattre ni contre le roi ni contre leurs proches enrôlés dans l'armée ennemie.

Le roi convoque ensuite ses chefs en conseil et leur demande ce qu'il convient de faire.

« Voici ce qu'on ferait, opinait Finn, si j'avais à décider : Nous porterions les armes à la campagne. Nous prendrions tout, nous saccagerions et brûlerions les fermes, détruisant tout en punition de la trahison des paysans. Je pense que la plupart d'entre eux, quand ils verront la fumée et les flammes de leurs maisons en feu, inquiets du sort de leurs enfants et de leurs femmes, de leurs pères et mères et d'autres parents, s'empresseraient de se détacher de leurs groupes. Et une fois la rupture des rangs faite par quelques-uns, la débâcle générale ne manquera pas de se produire, car c'est l'habitude des paysans de se laisser entraîner par la dernière inspiration. » La parole de Finn fut vivement approuvée et applaudie par un grand nombre.

Olaf, voyant l'ardeur de ses hommes, demande le silence et dit : « Les paysans ont certainement mérité le châtiment que vous préconisez. Vous savez aussi que moi-même j'ai fait incendier autrefois leurs maisons et que je leur ai infligé d'autres châtiments. Mais si je l'ai fait autrefois, c'est parce qu'ils avaient renié leur foi, repris leur idolâtrie et refusaient opiniâtrément de se corriger malgré mes avertissements. Nous avions alors le droit de Dieu à sauvegarder. Aujourd'hui le cas est tout autre. Ce n'est pas Dieu, mais moi, leur roi, qu'ils trahissent. Cette trahison est bien moins coupable que l'autre, quoiqu'elle ne convienne aucunement à des hommes qui prétendent être arrivés à l'âge mûr. Il est évident que j'ai une plus grande raison d'être indulgent quand ils lèsent mes droits que lorsqu'ils montrent de la haine contre Dieu. Je veux donc que mes hommes soient paisibles et ne commettent aucun acte d'hostilité. Je désire entamer d'abord des pourparlers avec les paysans, le meilleur serait de nous entendre. S'ils choisissent la lutte contre nous, nous aurons une double perspective à envisager. Ou bien nous trouverons la mort dans la bataille, et alors il vaut mieux d'y aller sans le reproche d'avoir fait des torts et volé des biens. Ou bien nous remporterons la victoire, et alors vous deviendrez les héritiers de ceux qui combattent maintenant contre nous. Car les uns périront, les

autres prendront la fuite, et ils perdront tous les
droits aux biens qu'ils possèdent. Ce sera bien
plus agréable alors de se mettre en possession de
grandes maisons et de magnifiques propriétés.
Mais quel avantage y aurait-il de s'emparer de
ce qui est brûlé? Ainsi la plus grande partie des
biens conquis se perdrait, une quantité minime
seulement profiterait. Nous allons à présent parcourir le pays en groupes disséminés et nous saisir
de tous les hommes capables de porter les armes.
Nous nous emparerons aussi du bétail et de
toute autre provision dont nous aurons besoin
pour vivre, mais vous ne vous permettrez aucun
acte hostile. Il est juste qu'on exécute les espions
des paysans si on les prend. Dag avec sa troupe
descendra dans la vallée par la voie du nord,
moi je suivrai la route principale ordinaire. Le
soir nous nous réunirons en un seul camp pour
la nuit. »

LXXV

Les Dispositions en vue de la Bataille

Olaf choisit les hommes les plus forts et les
plus hardis pour lui faire un rempart de boucliers. Au sein du rempart il fit placer les scaldes, pour être les témoins oculaires des événements qu'ils auront à raconter plus tard. Sigvat
était absent, en pèlerinage de pénitence à Rome.
Les scaldes présents, exhalant leur jalousie, s'en
divertissaient agréablement. Tormod dit à Gissur : « Ne nous serrons pas tant, il faut de la

place à Sigvat quand il viendra. Il veut toujours se tenir devant le roi, et le roi n'aimerait pas qu'il en soit autrement. » Le roi, entendant le propos ironique, répond : « Pas besoin de plaisanter Sigvat pour son absence. Il m'a accompagné souvent et avec honneur. Aujourd'hui il priera pour nous, et nous en avons toujours bien besoin. »

Tormod s'explique franchement : « C'est possible, roi, qu'aujourd'hui tu aies le plus besoin de prières, mais quel vide autour de l'étendard si tous les hommes de ta cour se trouvaient en ce moment sur le chemin de Rome ! Il est vrai aussi que nous avions à nous plaindre lorsque personne ne pouvait s'approcher de vous pour vous parler à cause de l'encombrement de Sigvat. »

A un paysan de l'endroit Olaf remit une forte somme d'argent, lui recommandant de garder cet argent. « Plus tard tu le partageras : une partie aux églises et une autre partie aux prêtres et aux pauvres. Ce sera une aumône pour la vie des âmes de ceux qui tomberont dans la bataille en combattant contre nous. »

Le paysan ne comprend pas bien : « Faut-il donner cet argent pour les âmes de vos hommes ? »

Le roi lui explique en insistant : « Cet argent, il faut le donner pour les âmes de ceux qui, combattant contre nous parmi les paysans, tomberont devant nos armes. Tous ceux parmi les nôtres qui meurent dans le combat seront sauvés. » Telles étaient sa foi, sa confiance en ses hommes et son amour du prochain, qu'il n'excluait pas l'ennemi, mais tâchait de lui faire du bien et pensait à son bonheur éternel.

La nuit avant le jour du combat, Olaf passa de longues heures en prière et ne dormit que très peu. Le matin il fit avancer son armée jusque sur les terrains de Stiklestad, en face de l'armée des paysans. A Torgils, le propriétaire de Stiklestad, qui était disposé à prendre part à la bataille, il dit de ne pas le faire, mais de lui promettre de prendre soin des blessés et des morts, et de rendre à lui-même les honneurs de la sépulture s'il venait à succomber.

Quand l'armée fut rangée en bataille, il tint à ses hommes ce discours : « Nous avons une bonne et grande armée. Les paysans sont en plus grand nombre, mais cela n'empêche pas la victoire de suivre le destin. Je vous le déclare, je ne fuirai pas. De deux choses l'une : ou j'aurai la victoire ou bien je tomberai dans la lutte. Je prie Dieu de laisser arriver ce que, dans sa bonté infinie, il sait m'être le plus utile. Nous avons la confiance que notre cause est meilleure que celle des paysans, nos adversaires, et que Dieu nous conservera nos possessions après ce combat, ou bien nous donnera une récompense beaucoup plus grande que celle qui pourra faire l'objet de nos désirs en compensation des pertes que nous aurons subies. Mais si, après le combat, il m'est donné de disposer des choses, je récompenserai chacun selon ses mérites et selon la force qu'il aura déployée dans le combat. Si nous remportons la victoire, il y aura assez de terres et d'objets que nos ennemis laisseront entre nos mains et que nous partagerons entre vous. Que le premier choc soit aussi fort que possible, car si la première poussée est vigoureuse, elle décidera du sort. Nous pouvons compter sur la victoire si nous agissons avec force et promptitude, mais ce sera plus difficile s'il nous faut combattre jusqu'à ce que la lassitude rende les hommes inaptes à la lutte. Nous avons moins de monde en réserve que nos ennemis pour les rechanges. Nous ne pourrons pas, comme eux, laisser avancer les uns à l'attaque au premier rang pendant que les autres se reposent au second, en se tenant sur la défensive. Mais si notre choc est assez vigoureux et que leurs premiers rangs cèdent, ils tomberont les uns sur les autres et leur désastre sera d'autant plus grand qu'ils seront plus nombreux. »

Les chaleureux applaudissements qui soulignèrent cette harangue disaient assez qu'elle était comprise et appréciée et les hommes se stimulèrent mutuellement à la lutte.

Olaf portait un casque doré sur la tête, de la main gauche il tenait un bouclier blanc marqué d'une croix d'or, et de la main droite une lance, qui plus tard fut conservée dans l'église du Christ à Trondhjem ; à la ceinture pendait un glaive très tranchant dont la poignée était recouverte d'un tissu d'or, et un haubert protégeait son corps. Son étendard était confié à Tord Foleson, son porte-étendard.

Aux derniers moments arriva encore un homme extraordinaire, d'un bel aspect, muni d'une riche armure. Il s'avance vers le roi, le salue gracieusement et lui demande s'il peut lui offrir son secours. Olaf l'interroge sur sa naissance et son pays. L'homme lui répond : « Mes parents demeurent dans le Jæmtland et Helsingeland, je m'appelle Arnljot Gelline. C'est moi qui aida vos hommes venus dans le Jæmtland pour prélever le tribut et qui par eux vous ai envoyé un plateau d'argent comme gage de mon amitié. »

« Etes-vous chrétien ou non? » demande Olaf.

Arnljot lui répond. « Je crois en ma force, et cette foi m'a suffi jusqu'ici. A présent je préfère croire en toi, roi ».

— « Si tu crois en moi, il faut croire tout ce que je t'enseigne; il te faut croire que Jésus-Christ a créé le ciel et la terre et tous les hommes et que c'est à lui que vont tous les hommes qui ont été bons et ont tenu la vraie foi. »

— « J'ai bien entendu parler du Christ, mais je ne sais ni ce qu'il fait, ni où il règne. Maintenant je veux croire tout ce que tu me dis. Je me mets entre tes mains. »

Olaf lui apprend le plus urgent de la foi, le fait baptiser, après quoi il lui assigne sa place près de son étendard, à côté de Gauke-Tore et d'Avrefaste.

Les paysans n'étant pas encore venus assez près, Olaf permet à son armée de s'asseoir et de se reposer. Lui-même s'assit et appuya sa tête contre les genoux de Finn Arnesön. Dans cette position un léger sommeil s'empara de lui. Bientôt l'ennemi apparaît et plante ses signaux. Finn réveille le roi et lui dit : « Voici les paysans qui s'approchent de nous. »

Le roi soupire : « Ah! Finn, pourquoi m'as-tu réveillé et ne m'as-tu pas permis de jouir de mon rêve? »

— « Ton rêve ne peut pas être assez important pour qu'il ne soit plus avantageux de se réveiller et de se préparer contre l'ennemi qui avance. Ne vois-tu pas jusqu'où les troupes des paysans sont arrivées? »

— « Elles ne sont pas si proches pour qu'il n'eût pas mieux valu dormir encore. »

— « Qu'as-tu donc rêvé, roi, puisque c'est une si grande perte d'avoir été réveillé? »

Olaf lui raconte son rêve. Il lui semblait voir une haute échelle sur laquelle il était monté si haut que le ciel s'ouvrait à son regard. « J'étais arrivé au dernier échelon quand tu m'as réveillé », dit-il.

— « Ce rêve ne me plaît pas tant qu'à toi; je pense qu'il annonce ta mort, si toutefois il a une signification. »

Du côté des paysans, l'évêque danois Sigurd, que Haakon avait établi à Trondhjem, les avait fortement excités contre Olaf et enflammés pour Knut. Les paysans lui avaient promis aussi de faire tout leur possible. Dans leurs rangs il y avait surtout trois hommes doués des vraies qualités de chef d'armée. C'était Haarek, Tore Hund et Kalv Arnesön. Les deux premiers avaient décliné cet honneur malgré leurs nombreux griefs et leur haine contre Olaf. Kalv, au contraire, avait parlé si éloquemment de la nécessité d'être forts et courageux en face d'Olaf, de donner le bon exemple aux inférieurs pour ne pas les décourager, que tous se sont mis d'accord de lui donner le haut commandement de l'armée, d'autant plus que la plus grande partie en était recrutée dans la province de Trondhjem dont il était gouverneur.

LXXVI

Le Combat et la Mort d'Olaf

Après avoir rangé leur armée, les chefs exci-
taient leurs hommes et leur communiquaient
l'ardeur guerrière par des discours de haine et
de vengeance. Ils leur donnent pour cri de
combat les paroles : « En avant, en avant, hommes paysans. » Puis l'armée s'avance vers celle
d'Olaf. Des deux côtés on attend encore les
retardataires avant de commencer la lutte.

Les fronts sont déjà si rapprochés que les
hommes des premiers rangs peuvent se reconnaître et se parler.

« Comment, s'écrie le roi, en apostrophant
Kalv qu'il reconnaît, comment te trouves-tu là ?
Nous nous sommes cependant séparés en amis.
Tu fais mal de tirer des flèches ennemies sur
notre armée, car tes quatre frères s'y trouvent. »

Kalv cherche des excuses : « Beaucoup de
choses se passent autrement que nous le dési-
rons. Vous nous avez quittés de telle sorte qu'il
fallait faire la paix avec ceux qui venaient après
vous. Que chacun reste aujourd'hui là où il se
trouve. Cependant nous pourrions encore nous
réconcilier si c'était moi qui avais à décider. »

Finn lui répond : « On peut remarquer que
si Kalv parle bien, il a cependant l'intention de
faire mal. »

Olaf reprend : « C'est possible, Kalv, que tu
veuilles te réconcilier, mais il ne me semble pas

que vous, paysans, vous vous comportiez en hommes paisibles. »

Torgeir de Kvistad s'y mêle : « Vous aurez aujourd'hui la paix pareille à celle que beaucoup autrefois ont reçue de vous. Vous allez l'expier. »

Olaf l'exhorte à la modestie et lui prédit sa fin : « Tu n'as pas besoin de désirer tant notre rencontre, car tu ne nous vaincras pas aujourd'hui. Autrefois je t'ai élevé à la puissance quand tu n'étais encore rien. »

A ce moment Tore Hund et les siens se précipitent en avant en criant : « En avant, en avant, hommes paysans. » Les autres suivent, en poussant le même cri et en tirant des dards et des lances. Aussitôt l'armée du roi s'ébranle au cri de : « En avant, en avant, hommes du Christ, hommes de la croix, hommes du roi ! » Dans la première confusion les paysans des deux flancs répètent le cri d'Olaf. Les autres paysans les prennent pour des ennemis et se jettent sur eux, et avant qu'on ne pût s'apercevoir de la méprise il y eut un grand nombre de tués.

La mêlée fut terrible et opiniâtre. Le front des paysans était formé de trois rangs. Au premier les hommes se servaient de la hache, au second ils piquaient de la lance et au troisième ils tiraient des dards, des flèches, ou lançaient des pierres, des hachettes et des javelots. De part et d'autre on fit de larges trouées. Arnljot Gelline, Gauke-Tore et Avrafaste, devant le roi, furent bientôt hachés en pièces avec leurs compagnons, mais non sans avoir auparavant abattu un grand nombre et fait des hécatombes d'adversaires.

Olaf ne s'épargna pas. Il fit de vigoureuses sorties à la tête des siens et commanda de porter sa marque en avant. Les coups de sa hache étaient terribles. D'un seul coup il fendit le casque et la tête de Torgeir Kvistad. « N'est-ce pas vrai ce que je t'ai dit, Torgeir, que tu ne vaincras pas dans notre rencontre? » dit le roi, voyant tomber son ennemi. Au même instant Tord, qui avait porté l'étendard du roi en avant sur son commandement, tombe mortellement blessé sous l'étendard qu'il planta encore dans sa chute.

Un instant Tore Hund et Olaf sont aux prises. Olaf lui assène un coup de glaive sur les épaules. Le glaive ne mord pas. Le roi se tourne vers son maréchal, Björn, lui criant : « Abats le chien ! (jeu de mots : Hund signifie chien) qu'aucun fer ne peut entamer ! » Björn retourne sa hache et l'abat du revers sur l'épaule de Tore avec tant de vigueur que celui-ci chancelle. Un parent de Kalv tombe à ses côtés atteint de la hache d'Olaf. Tore pousse sa lance et traverse Björn qui s'affaisse. « C'est ainsi que nous abattons les ours », dit Tore (encore un jeu de mots : Björn signifie ours).

Au même moment Torstein, un forgeron qu'Olaf avait châtié autrefois pour des crimes, plein de haine et de désirs de vengeance, atteint de sa hache le roi et le blesse gravement au-dessus du genou. Mais en même temps Finn Arnesön tue Torstein de sa hache.

Le roi, se sentant gravement blessé, s'appuie contre une pierre, jette son glaive et se recueille dans la prière. Dans cette position il reçoit, sans se défendre, un coup de lance qui traverse son corps sous le haubert. Le coup était mortel et c'est Torë Hund qui le porta. En même temps Olaf reçoit encore sur le cou, à gauche, une autre blessure d'un individu du nom de Kalv, incertain si c'est Kalv Arnesön ou Kalv Arnfinnsön.

Dag Ringsön arrive enfin beaucoup en retard avec son armée, mais fait une charge si vigoureuse sur les paysans que ceux-ci, pris à l'improviste, reculent en désordre et se mettent à fuir après avoir subi de grandes pertes. Cette charge de Dag devint célèbre dans l'histoire. Cependant il ne put rien contre le nombre. Les paysans se rallient et reviennent à la charge. A la fin l'armée de Dag est taillée en pièces et dispersée.

LXXVII

Après la Bataille

Les chemins et les maisons des environs étaient encombrés de blessés, de mourants, d'hommes exténués de fatigue et de fuyards. Les paysans ne poursuivaient pas l'armée en déroute, mais se hâtaient d'aller retrouver sur le champ de bataille ceux de leurs parents qui étaient tombés.

Un silence morne et sinistre remplissait l'air, aucune manifestation de joie, aucun chant de victoire, tous semblaient avoir la sensation d'un

crime public qui venait d'être commis. Tore
Hund revient donner des soins au corps d'Olaf,
qu'il étend soigneusement par terre et couvre
d'un linceul. Il trouva, comme il le raconta
plus tard, le visage du roi très beau, comme
illuminé dans un doux sommeil. Une blessure
que Tore Hund avait reçue à la main se ferma
rapidement après avoir touché par hasard le
sang du défunt. C'est aussi lui qui, plus tard,
fut le premier à proclamer la sainteté d'Olaf.

Kalv Arnesön revint chercher ses deux frères,
Torberg et Finn, parmi les morts. Il les retrouva
gravement blessés. Finn, voyant venir Kalv,
rassembla toutes ses forces pour jeter son arme
contre lui, dans l'intention de le tuer, l'appelant
traître et malfaiteur. Kalv ne laissa pas de le
soigner avec Torberg, fit panser leurs blessures
qui n'étaient pas mortelles et les fit emporter
chez lui. Les autres blessés furent distribués
dans les maisons ou abrités sous des tentes où
on leur donna tous les soins possibles.

Parmi les blessés se trouva Tormod, un des
scaldes d'Olaf. Se sentant gravement atteint,
il s'était retiré du combat. Quoique incapable de
combattre, il eut le courage de se mêler à l'armée de Dag lorsque celui-ci vint ranimer le
combat. Bientôt il reçut une flèche en pleine
poitrine. Il en casse le manche, sort de nouveau du combat et, portant son glaive nu à la
main, il se rend dans une maison des environs.
Un homme, sortant de la maison, vient à sa rencontre et lui dit : « Ce sont des cris et des san-
glots terribles là-dedans. C'est une honte que
de forts gaillards ne sachent pas mieux suppor-

ter leurs blessures. C'est possible que les hommes du roi aient combattu vaillamment, mais ils endurent mal leurs blessures. »

— « Comment t'appelles-tu ? » demande Tormod.

— « Kimbe. »

— « Etais-tu à la bataille ? »

— « J'étais du côté des paysans, c'était le meilleur parti. »

— « As-tu été quelque peu blessé ? »

— « Très peu. Et toi, as-tu été à la bataille ? »

— « Moi, j'étais du côté de ceux qui avaient la meilleure des causes. »

Kimbe voit que Tormod porte un bracelet d'or au bras. Il conclut : « Toi, tu es certainement un homme du roi. Donne-moi le bracelet et je te cacherai, car les paysans vont te tuer si tu les rencontres en chemin. »

— « Prends le bracelet, toi, si tu peux, car j'ai perdu beaucoup plus que cela. »

Kimbe étend sa main pour prendre le bracelet. Tormod brandit le glaive et la lui coupe. Il constate que Kimbe n'est pas homme à supporter mieux sa blessure que les autres qu'il venait de juger et de blâmer si sévèrement.

Kimbe va se faire soigner tandis que Tormod entre dans la maison et s'assied au milieu des guerriers qui parlent de la bataille, des prouesses, des actions héroïques des combattants et surtout de la valeur d'Olaf. Puis se levant il entre dans une petite maison à côté remplie de blessés, dont une femme dévouée soigne les plaies. Au seuil de la porte il est remarqué par un infirmier qui passe : « Comme tu es pâle,

Es-tu blessé et pourquoi ne demandes-tu pas des soins ? »

En guise de réponse, Tormod se met à chanter sa douleur et sa misère comme il convient à un scalde digne du roi Olaf. Puis il entre et se tient près du feu sur lequel on prépare les divers médicaments. Le médecin, une femme, crut que c'était un homme quelconque, sans occupation. Elle lui dit : « Toi, homme, va me chercher le bois qui est là devant la porte. » Tormod le fait sans dire un mot. Le médecin remarque enfin la pâleur de son visage et s'écrie : « Cet homme est terriblement pâle ! Qu'as-tu ? » Tormod chante de nouveau : « La noble femme s'étonne que nous soyons si pâles. Y a-t-il de belles plaies ? J'ai reçu les miennes sous la pluie des flèches. Le fer dur, lancé avec force, me traversa. La pointe de l'acier m'a frappé près du cœur ! »

— « Fais-moi voir ta plaie, je vais la soigner », dit le médecin.

Tormod s'assied, ouvre ses vêtements, et le médecin se met à examiner soigneusement la plaie du côté gauche. Elle y découvre un fer, mais ne peut en constater la direction. Les méthodes d'investigation et de diagnostic étaient encore bien rudimentaires. Des oignons mêlés d'herbes odorantes, préparés au feu dans une marmite de pierre et avalés par le malade, devaient, par l'odeur sortant de la plaie, révéler si les intestins étaient atteints. Elle fit apporter une potion de ce remède à Tormod.

— « Enlève cela ! ce n'est pas une maladie de gruau ! » dit-il. Et prenant des tenailles, il s'efforce de tirer le fer. Mais le fer résiste. L'enflure de la plaie est trop grande, le fer émerge à peine, les tenailles n'arrivent pas à le saisir.

« Coupe la chair, dit Tormod au médecin, jusqu'au fer, saisis-le avec les tenailles et donneles moi pour tirer ! » Le médecin le fait.

Tormod ôte son bracelet d'or, le donne au médecin et dit : « Tiens, c'est un objet précieux, le roi m'en a fait cadeau ce matin. Fais-en ce que tu veux. » Puis, saisissant les tenailles, il arrache la flèche d'un seul effort. Aux crocs de la pointe pendent des fibres rouges et blanches du cœur. Il les regarde et dit : « Le roi nous a bien nourris, j'ai encore de la graisse aux racines de mon cœur. » C'est le dernier mot : il s'affaisse mort.

LXXVIII

Le Corps de saint Olaf est transféré et inhumé à Trondhjem

C'était le 29 juillet, *quarto calendas Augusti,* de l'an 1030, vers neuf heures du soir, qu'Olaf tomba dans la bataille. Les paysans avaient décidé de ne pas piller les morts et de laisser Olaf et les siens tombés sur le champ de bataille sans sépulture, comme des malfaiteurs. Mais les puissants ne s'inquiétaient point de la volonté des paysans et firent ensevelir les morts de leur famille.

Torgils Halmasön et son fils Grim profitèrent des ténèbres de la nuit pour enlever le corps d'Olaf. Ils le cachèrent dans un hangar vide, le lavèrent et l'enveloppèrent de linges blancs.

On raconte qu'un aveugle, ayant cherché cette nuit un abri dans ce hangar, avait, pour trouver une place, touché de sa main la terre trempée d'eau et de sang, et, venant par hasard à passer sa main sur les yeux, il recouvra tout à coup la vue.

Le jour suivant, 30 juillet, Tore Hund revient encore une fois sur les lieux pour chercher le corps d'Olaf. Ne pouvant le retrouver, quoiqu'il sût très bien où il l'avait posé la veille, il interroge tout le monde présent, mais personne ne peut lui dire ce qu'il est devenu.

Interrogé par lui, Torgils donne une réponse évasive et ingénieuse : « Moi, dit-il, je n'ai pas été à la bataille et j'en sais très peu. Ici on fait courir des bruits divers. On dit même qu'Olaf a été vu près de Stav, entouré d'une troupe de guerriers. Mais s'il est tombé, vos guerriers auront sans doute caché son cadavre dans des buissons ou dans les rochers. » Tore Hund dut partir sans l'avoir retrouvé.

Torgils et son fils souffraient de l'anxiété d'être découverts et appréhendés. Ils méditaient sans cesse le moyen de dérober le corps d'Olaf à la fureur de ses ennemis, qui avaient conçu le projet de le brûler ou de le jeter à la mer s'ils venaient à le découvrir. Leurs craintes augmentèrent encore lorsque, la nuit, ils virent des lumières briller au-dessus de l'endroit où reposait le corps.

Ils finirent par s'accorder sur un projet qui leur paraissait offrir toute sécurité. Ils mirent

13

le corps dans un beau cercueil et remplirent un autre cercueil plus simple de paille et de pierres de la pesanteur d'un homme. Ils portèrent ensuite les deux cercueils dans un bateau, le premier avec le corps soigneusement caché au fond, l'autre bien exposé au-dessus. Ainsi chargé, le bateau fut amené ostensiblement par une dizaine de matelots le long du fjord jusqu'à Trondhjem.

Le soir, à la tombée de la nuit, ils arrivent et amarrent leur barque au quai royal. Une députation de quelques hommes s'empresse d'aller avertir l'évêque Sigurd de leur arrivée et de la présence du corps d'Olaf. L'évêque se hâte de faire enlever le corps par ses hommes pour le faire couler au large dans le fjord. Torgils leur remet le cercueil rempli de pierres qu'ils vont, la nuit même, jeter à la mer dans le fjord, suivant l'ordre de l'évêque.

Avec sa précieuse charge Torgils remonte ensuite le fleuve Nid. Derrière la ville il aborde le rivage. Lui et ses hommes prennent le cercueil et vont le déposer dans une baraque isolée et abandonnée et y passent la nuit en veillée auprès du corps. Torgils va trouver les meilleurs amis d'Olaf dans la ville et leur propose de prendre et de garder le corps. Mais aucun d'eux n'ose s'en charger. Alors, à la faveur des ténèbres de la nuit, il le transporte sur la berge du fleuve, l'enterre dans le sable, efface soigneusement toute trace de sépulture et, à la pointe du jour, retourne à Stiklestad.

LXXIX

Les Nouveaux Maîtres de la Norvège

Après la mort d Olaf, Svein, fils de Knut, vient, sur les ordres de son père, prendre le sceptre de la Norvège. Déjà arrivé à Viken avant la bataille de Stiklestad, il vint, après son issue, s'établir à Trondhjem avec sa mère Alfiva, fille d'un vassal du Northumberland.

Svein ne tarda pas à introduire de nouvelles lois sur le modèle de celles du Danemark. Ces lois étaient beaucoup plus dures que celles d'Olaf et aggravaient sensiblement la situation des seigneurs et des gens qui avaient trouvé le joug d'Olaf insupportable et s'étaient montrés si ardents à s'en défaire. Leurs libertés furent restreintes et les impôts augmentés. La Norvège entière était considérée comme terre conquise et la propriété du roi, qui en disposait à son gré. Le paysan avait à payer des taxes et des impôts pour tout et à tout moment. Sous le nouveau régime, un Danois valait dix Norvégiens.

Lorsque le peuple commença à s'apercevoir de toutes ces innovations désastreuses et à comprendre ce que lui avaient valu sa révolte et son régicide, un amer mécontentement éclata partout, mais personne n'osa le manifester. Ceux qui avaient contribué au régicide étaient rongés par le regret et le remords, et ceux qui avaient défendu Olaf ne manquaient pas de leur reprocher le crime. On méditait en secret des moyens de vengeance, mais il n'y avait pas possibilité de s'en servir. Leurs fils étaient en otage chez Knut et ils n'avaient plus de chef. Ils n'avaient qu'à se résigner au sort qu'ils s'étaient créé eux-mêmes et se contenter de la maigre consolation qui leur restait de rendre Alfiva responsable de l'oppression.

Einar Tambeskjelve était revenu à Tronlhjem après la bataille. Il se fit un mérite de n'avoir pas pris part à la révolte et à la lutte contre Olaf et s'en vanta ouvertement. Plein de rancunes contre Knut et lui reprochant son manque de parole, il se montra encore plus empressé à faire l'éloge d'Olaf et à parler de sa sainteté que les autres qui en parlaient hautement.

Les trois frères, Finn, Torberg et Arne, se remettaient peu à peu de leurs blessures. Finn ne cessait de faire des reproches à Kalv de sa mauvaise action. Les deux autres se tinrent plus réservés. Mais le séjour chez Kalv était pénible à tous les trois et ils cherchaient à partir aussitôt que leur état le permettrait. Au départ, Kalv leur fournit des bateaux et tout ce dont ils avaient besoin. Svein leur accorda la paix.

La sainteté d'Olaf devint de plus en plus notoire, même parmi ses ennemis, qui furent obligés de se rendre à l'évidence des nombreux miracles. Beaucoup se convertirent et, non contents de regretter leur participation au meurtre, ils accablèrent de reproches ceux qui les avaient excités à la haine contre Olaf. L'évêque Sigurd, dont le violent discours n'avait pas peu contribué à soulever et entraîner le peuple contre le roi, ne fut pas épargné. Les propos contre lui furent si menaçants et chargés d'orages qu'il crut prudent de se réfugier auprès de Knut en Angleterre. Le peuple de Trondhjem s'empressa aussitôt de faire prier par une députation l'évêque Grimkel, retiré dans les Oplande, au sud de la Norvège, depuis la fuite d'Olaf, de venir à Trondhjem.

Grimkel accédait d'autant plus volontiers à ces prières qu'il avait déjà entendu parler de la sainteté et des miracles d'Olaf. Il prit aussitôt ses dispositions, se rendit d'abord chez Einar Tambeskjelve, qui l'accueillit avec joie, se fit donner par lui tous les renseignements et informations utiles, puis entra solennellement dans la ville où le peuple le reçut en triomphe.

LXXX

La Sainteté d'Olaf est constatée

L'évêque n'eut rien de plus pressé que de s'enquérir des faits et des miracles qui pouvaient attester la sainteté d'Olaf. Ce n'est pas la rumeur qu'il consultait, mais il interrogeait et examinait avec soin les témoins oculaires et ceux qui se disaient avoir été favorisés d'un miracle. Il fit venir Torgils et son fils, les pria de lui faire le récit de tout ce qu'ils avaient vu et entendu et de lui montrer l'endroit de la sépulture.

Quand il eut recueilli et contrôlé tous les témoignages possibles et que tout fut prêt, il appela Tambeskjelve pour aller avec lui demander au roi Svein et à sa mère Alfiva la permission d'exhumer le corps d'Olaf. Le roi leur accorda tout et leur dit de faire comme ils l'entendraient.

Accompagné de Tambeskjelve et d'une grande foule, l'évêque se rend alors à l'endroit où reposait le corps d'Olaf et fait procéder à des fouilles qui bientôt sont couronnées de succès. On trouva le cercueil renfermant le corps presque à fleur de terre, où il n'a pu arriver que par un miracle.

Sans ouvrir le cercueil on le transporta à l'église de Saint-Clément, dans laquelle on l'enterra de nouveau. Le 3 août de l'année suivante, on l'exhuma pour la seconde fois et on constata ici aussi que le cercueil était venu à la surface de la terre et ne portait aucune trace de son séjour dans la tombe. L'évêque Grimkel ordonne alors de l'ouvrir en sa présence. Le corps d'Olaf exhalait une suave odeur, le visage avait conservé toute sa fraîcheur, les joues avaient une couleur rose. Ceux qui avaient connu Olaf affirmaient que sa barbe et ses ongles s'étaient allongés. Tout le corps présentait la physionomie d'un homme se reposant dans un doux sommeil. Le roi Svein, sa mère Alfiva et les chefs de la cour constatèrent également, comme les autres, la fraîcheur extraordinaire du corps d'Olaf.

Cependant Alfiva était sceptique. « Les corps, dit-elle, ne s'altèrent que lentement dans le sable. S'il avait été enterré dans la terre, il ne serait pas aussi frais. » Cédant aux exigences de l'incrédulité de la reine, l'évêque met les cheveux du saint sur le feu qu'il avait allumé dans un encensoir et béni. On voit alors l'encens

brûler tandis que les cheveux demeurent intacts.
La reine n'est pas encore satisfaite et convaincue.
Elle demande à l'évêque de mettre les cheveux
dans du feu non béni. Mais Einar Tambeskjelve,
estimant que l'incrédulité de la reine dépassait
les bornes de la convenance, déclare que ce que
l'évêque a fait suffisait à tous les autres témoins
et que la reine n'avait qu'à se taire.

L'évêque, s'appuyant sur tous les faits et les
miracles qui se sont produits par l'entremise
d'Olaf et dont il a pu recueillir tous les détails
chez les témoins, proclame alors solennellement
Olaf digne d'être considéré comme un saint qui
a été persécuté et immolé en haine de la foi et
de la justice, puisque sa puissance auprès de
Dieu s'était déjà manifestée par plusieurs miracles connus par tous, et il finit par déclarer qu'on
pouvait, à l'avenir, publiquement invoquer son
secours et son intercession. Le roi Svein donna
son assentiment à la proclamation et à la déclaration de l'évêque et tout le monde y applaudit
avec joie.

La proclamation fut clôturée avec grande
pompe par une procession solennelle. Tout le
peuple y prit part et accompagna le corps de
saint Olaf qui fut porté en triomphe dans l'église
de Saint-Clément et placé en un lieu élevé
au-dessus du maître-autel. Le cercueil conte-
nant le corps fut enveloppé d'étoffes précieuses
et abrité d'un baldaquin de velours.

Le culte de saint Olaf se répandit au loin et
d'innombrables pèlerinages vinrent à Trondhjem.
Les foules ne cessaient d'affluer continuellement
à son tombeau, des guérisons et des miracles

sans nombre s'y opéraient et attiraient les mul-
titudes.

A l'endroit où le corps avait été enseveli, sur
la berge du fleuve, jaillit une source d'eau miraculeuse qui, pendant plus de cinq cents ans,
guérissait les maladies. La réforme de Luther
introduite dans le pays y mit fin. L'eau coule
encore de nos jours, mais elle a perdu sa vertu
miraculeuse, comme le peuple a perdu la foi
vive de saint Olaf.

Plus tard, l'eau de cette source fut mise en
communication avec une citerne creusée dans
l'église de Notre-Dame. Dans le douzième siècle, de 1161 à 1188, l'archevêque Eystein fit
construire une magnifique cathédrale dont le
chœur abrite le lieu de la sépulture et la source
miraculeuse près du maître-autel. Le corps du
saint fut exposé dans une châsse d'or et d'argent
richement ornée au-dessus du maître-autel, où
les pèlerins de tous les points de la Scandinavie
et de l'Europe venaient le vénérer.

Toré Hund, qui avait tué Olaf, alla faire pénitence de son forfait à Jérusalem et ne revint
jamais plus dans le pays. Kalv Arnesön prit la
fuite après avoir montré au roi Magnus, le fils
d'Olaf et son successeur au trône, l'endroit exact,
à Stiklestad, où le saint martyr a reçu le coup
mortel et rendu son âme. A cet endroit, l'archevêque Eystein fit également élever une belle
église en pierre où les pèlerins venaient répan-
dre leurs prières et invoquer l'intercession du
saint martyr.

LXXXI

Le Culte de saint Olaf avant et après la Réforme

On construisit des églises en l'honneur de saint Olaf, non seulement en Norvège, mais aussi à l'étranger, dans les pays scandinaves, en Russie, en Angleterre et ailleurs, où son culte prit une rapide extension.

Le jour de son martyre se célébrait avec une pompe et une solennité exceptionnelle à Trondhjem, au milieu d'une affluence énorme de fidèles et de pèlerins. Dans la suite elle devint la fête nationale de la Norvège jusqu'au seizième siècle, quand les rois du Danemark, après s'être rendus les maîtres du pays, y ont introduit le luthéranisme par la force et la ruse contre la volonté du peuple. En même temps la cathédrale fut ravagée et dévastée tant par les hommes que par les éléments de la nature. La cupidité des rois danois la dépouilla de ses richesses. La châsse du saint fut ravie et envoyée au trésor de la couronne du Danemark pour être convertie en monnaie.

En 1531, la foudre tomba sur l'édifice et alluma un incendie qui mit la cathédrale en ruines dont elle ne se releva jamais plus. Jusqu'à nos jours ces ruines lamentables et désolées furent le symbole tragique de la ruine et de la désolation de la foi que saint Olaf avait apportée au peuple Norvégien, mais que le luthéranisme a dévastée.

En 1869, on a commencé de nouveau à s'occuper sérieusement, de la reconstruction et du relèvement des ruines de la cathédrale et on a pris la résolution de lui redonner autant que possible la splendeur et la célébrité d'autrefois. Avec beaucoup de patience, de piété et une admirable persévérance digne du peuple de saint Olaf, on a continué depuis à relever pièce par pièce les différentes parties de l'édifice, dont on a cherché les éléments calcinés dans les monceaux de débris autour du monument. Les travaux sont déjà bien avancés et grâce aux efforts extraordinaires des derniers temps et aux sacrifices énormes que la population a voulu s'imposer, on pourra, en 1930, le neuvième centenaire de la mort de saint Olaf à Stiklestad, contempler pour la première fois la cathédrale dans son antique et illustre beauté.

Réussira-t-on à lui donner toute sa splendeur primitive? Nous osons l'espérer. Des symptômes semblent le présager. Que Dieu aide ce peuple aux grandes aspirations à remonter aux hauteurs d'où il est descendu!

Après l'enlèvement de la châsse par les Danois, le corps de saint Olaf resta encore à sa place dans la cathédrale, enfermé dans une châsse en bois ornée de clous d'argent. Les Suédois s'en emparèrent en 1564, la dépouillèrent encore de ce modique ornement et emportèrent la châsse. Mais trouvant le transport du corps trop embarrassant, ils l'enterrèrent à Stjördalen. Cependant la même année les Norvégiens le rapportaient en procession à la cathédrale et le remettaient à sa place.

Malgré la réforme, le peuple continuait à vénérer et à invoquer saint Olaf. On ne cessait de faire des pèlerinages à son tombeau à Nidaros. Les autorités danoises, toutes luthériennes, et le clergé luthérien de la réforme, qui régnaient en maîtres absolus, en étaient vexés et ne purent souffrir cet état de choses. On voulait en finir une fois pour toutes. En 1568, un conseiller du roi de Danemark, Jörgen Lykke, vint à Trondhjem. Surpris de voir l'amour et la vénération du peuple pour saint Olaf encore si vivants et les pratiques de la piété si florissantes malgré les efforts de la réforme, il commanda d'enlever le corps et de l'enterrer dans un lieu secret. Depuis ce temps on ignore complètement où se trouvent les reliques du saint.

Une tradition constante rapporte que le corps de saint Olaf s'est conservé incorruptible pendant plus de cinq cents ans, jusqu'au temps de la réforme, et qu'il répandait une suave odeur.

Le culte de saint Olaf ne finit cependant pas entièrement avec la disparition de son corps. Il continua au contraire, pendant des siècles, à vivre dans le cœur du peuple. Ce n'est que peu à peu et très lentement qu'il a perdu de sa force et est tombé dans l'oubli. Encore aujourd'hui, après quatre cents ans de réforme, on peut en trouver des traces plus ou moins effacées dans les usages populaires.

LXXXII

Le Culte de saint Olaf renaît

Depuis la réforme et jusqu'en 1814, l'Eglise catholique était exclue du royaume de la Norvège et son culte défendu sous peine de mort. Ce n'est qu'en 1845 que le premier prêtre catholique put obtenir la permission d'entrer dans le pays pour y exercer quelques fonctions de son ministère. Onze ans plus tard seulement on réussit à élever à Kristiania, aujourd'hui Oslo, la première église catholique en Norvège. Elle fut dédiée à saint Olaf. Etait-elle la seule qui existait alors dans le pays? Il semble. Car on n'en mentionne aucune autre. Toutes les nombreuses églises qui avaient été dédiées à saint Olaf avant la réforme ont évidemment été désaffectées ou détruites par le luthéranisme. Elles ont subi le sort du culte lui-même.

En revenant dans le pays après trois siècles d'absence, l'Eglise catholique a, dès le premier moment ressuscité le culte de saint Olaf. C'était son droit et son privilège. Elle a remis en honneur la fête de saint Olaf tombée dans l'oubli, et ainsi elle a d'un seul coup rétabli la fête nationale. Pendant de longues années on a dû se contenter d'une solennité modeste dans l'enceinte des murs des églises et des chapelles, qui se multipliaient peu à peu dans tout le pays.

La fête reprenant chaque année, le souvenir de saint Olaf pénétra de nouveau dans le peuple. Les préjugés que la réforme avait fait naître contre le culte de saint Olaf tombaient d'eux-mêmes. Déjà, en 1869, on se mit à reconstruire le sanctuaire en ruines à Trondhjem. Ce travail extérieur était comme le symbole du travail latent qui s'opérait en silence au fond des âmes. Pendant qu'on fouillait dans les ruines de la vieille cathédrale et qu'on discutait la forme, les tracés, la destination du monument et de ses différentes parties, on était amené à fouiller aussi dans l'histoire, à creuser dans les archives, à méditer les éléments de la construction sociale et religieuse du moyen âge, surtout en Norvège, et on y retrouva les ruines que la réforme avait amoncelées. On fut étonné d'abord, émerveillé ensuite, des beautés saccagées et de la splendeur disparue. Et souvent on ne put s'empêcher de déplorer les pertes irréparables.

Saint Olaf apparut de nouveau dans sa vraie lumière. On avait d'abord de la peine à y croire. Car on était habitué à considérer le moyen âge comme le temps de l'obscurité intellectuelle et ses gloires comme des extravagances de superstition. Cependant les plus avisés et surtout la jeunesse norvégienne, ouverte aux grandes idées, éprise d'idéal, avaient vite compris toute la portée des belles découvertes qu'on faisait dans les ruines et dans les documents des vieux jours. La grande figure de saint Olaf se présenta à leurs yeux étonnés, glorieuse, illuminée de patriotisme et de religion, de justice et de sainteté. Ils l'acceptaient volontiers comme un symbole et un étendard. En 1897, un des

plus grands poètes et romanciers de la Norvège,
Björnstjerne Björson, put prononcer, devant une
assemblée protestante de douze mille personnes,
sur une place publique de Trondhjem, le plus
brillant panégyrique de saint Olaf qu'aurait pu
faire un prêtre catholique. Depuis le seizième
siècle cela ne s'était jamais vu. Et encore peu
d'années auparavant on ne l'aurait pas accepté.
L'enthousiasme fut alors tel qu'on arrangea des
processions en l'honneur de saint Olaf à Stiklestad, qui ressemblaient beaucoup aux vrais pèlerinages des siècles passés.

La semence germait, mais, issue d'idées poli-
tiques et manquant de la sève vivifiante religieuse, la plante finit par se dessécher après
quelques années de végétation exubérante et
extravagante. Cependant on continuait à célébrer la fête de saint Olaf le 29 juillet, drapée
d'abord de politique, puis de nationalisme aspi-
rant à la gloire des anciens jours. La gloire ne
venant pas, on comprit qu'il fallait un ressort
religieux : on réclama l'ouverture des églises et
on demanda des services religieux. Le clergé
protestant se tenant toujours à l'écart, s'y opposa
d'abord fortement, mais finit par céder à la
poussée. Aujourd'hui toutes les églises protes-
tantes du pays, et même celles des autres sectes
les plus fanatiquement opposées aux saints,
s'ouvrent régulièrement et sans contradiction au
service religieux où saint Olaf tient une place
plus ou moins large et est sensé en être le
héros et le centre. Au demeurant, il y a aujour-
d'hui très peu de chose qui distingue ce culte
du culte catholique des saints.

La fête est populaire et non obligatoire. Mais nous ne serions pas étonnés si, dans quelques années, par la volonté même du peuple, la fête ne redevienne, sinon ce qu'elle était autrefois, du moins une fête obligatoire et nationale. Car le besoin d'honorer saint Olaf grandit d'année en année.

LXXXIII

Le Neuvième Centenaire de sa Mort

En ce moment les protestants comme les catholiques se préparent à célébrer avec la plus grande pompe le neuvième centenaire de la mort de saint Olaf à Stiklestad. Les protestants font de grands efforts pour donner à la fête toute l'ampleur et la dignité qu'elle comporte. L'Etat lui-même y contribue largement par de grosses sommes que le Parlement a votées à cet effet. Il est vrai que quelques personnes et surtout les clergymen font en même temps d'incroyables soubresauts pour imprimer à la fête un cachet protestant.

On a essayé de partager saint Olaf en deux : roi et saint. On voulait bien consentir à le célébrer comme roi, mais non pas comme saint. Cette opération est dangereuse et mortelle. Car saint Olaf est plus saint que roi, et c'est toujours sa sainteté et non sa royauté qui a fait l'objet du culte.

Cette grande objection ne pouvant échapper à personne, d'autres ont imaginé une autre solution plus rusée et se sont décidés à présenter saint Olaf tout simplement comme protestant, qui a introduit en Norvège la religion de l'État qui existe encore aujourd'hui. La solution est ingénieuse, en effet, et très simpliste, mais elle a l'inconvénient d'être en opposition avec toutes les données de l'histoire. On peut donc être sûr que ni l'une ni l'autre de ces deux solutions ne sera adoptée par la grande majorité de la nation et du peuple. La fête de ce côté ne sera pas catholique encore, mais elle ne sera pas protestante non plus. Elle ne marquera pour le peuple qu'une étape dans sa marche vers l'idéal malgré tous les efforts pour l'empêcher d'avancer ou pour la faire dévier. Et l'enthousiasme des jeunes viendra accélérer la marche finale vers le but qu'appellent les nobles besoins de leur cœur.

Les catholiques n'ont pas les grands moyens des protestants, mais ils font leur possible pour donner à la solennité du neuvième centenaire de la mort et du martyre de saint Olaf toute l'extension et tout l'éclat que permettent leurs faibles ressources. Leur ambition est surtout d'imprimer à la fête, autant qu'il est en leur pouvoir, le cachet catholique qu'elle a toujours eu pendant les cinq premiers siècles avant la réforme.

En 1916, le curé de la station catholique de Trondhjem réorganisa l'usage séculaire des pèlerinages à saint Olaf. Le 29 juillet de la dite année un petit groupe de trois personnes seulement s'acheminait vers Stiklestad en priant et en chantant des cantiques. L'année suivante, un groupe quatre fois plus grand reprit le chemin du pèlerinage sous la direction du curé, et

Mgr Fallize y envoya un délégué et permit de dire la messe en plein air. Depuis le pèlerinage a eu lieu chaque année le 29 juillet avec un nombre croissant de pèlerins et une affluence considérable de protestants, les uns en spectateurs intéressés et respectueux, les autres, entraînés et émus, se mettant à chanter avec les pèlerins.

Le pèlerinage est devenu une tradition annuelle que les catholiques et les protestants attendent et embrassent avec le plus vif intérêt. La croix et la bannière de saint Olaf en tête, la procession défile solennellement le long du chemin sous la conduite du prêtre en habit de fête et flanqué d'enfants de chœur, tous récitant à haute voix le chapelet et chantant des cantiques. C'est la tradition qui ressuscite et remonte après la longue et humiliante interruption de quatre siècles. Modeste mais sûre de son but, elle marche préparant la grande fête du neuvième centenaire de la mort de saint Olaf en 1930 qu'elle veut rendre aussi brillante que possible en lui redonnant le lustre des vieux temps.

C'est le droit et le devoir imprescriptibles des catholiques, leur droit d'héritage et leur devoir de religion. Ils n'y manqueront pas.

L'ancienne église élevée à l'endroit étant entre les mains des protestants, ils vont bâtir une chapelle modeste mais digne, pour pouvoir, tant à la fête du centenaire qu'après, célébrer les saints mystères, pour lesquels ils n'ont eu jusqu'ici qu'une tente élevée à la hâte à chaque pèlerinage. Le 29 juillet 1930, la fête du centenaire, la chapelle sera donc prête à recevoir les pèlerins qui viendront de partout célébrer avec les catholiques de la Norvège le roi martyr et apôtre du pays. Espérons qu'ils seront nombreux.

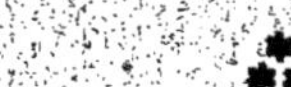

ORAISON DE LA FÊTE

O Dieu, qui êtes la couronne des rois et la victoire des martyrs, accordez-nous, nous vous en supplions, la grâce de ressentir le pieux patronage que le bienheureux Olaf, roi et votre martyr, exerce auprès de vous, pour que, par votre magnificence que nous glorifions dans sa passion, nous recevions la couronne de la vie éternelle que vous avez promise à ceux qui vous aiment. Ainsi soit-il.

NOMS GÉOGRAPHIQUES

Aagvaldsnes, propriété royale dans l'île de Karmö,
   près de Haugesund.
Aldeigja, château russe près de Novgorod.

Bjarmeland, contrée autour de la mer Blanche.
Bjarkö, petite île de Vesteraalen, province de Tromsö.
Bohuslän, province jadis norvégienne, aujourd'hui
   suédoise.
Boken, groupe d'îles dans le fjord du même nom, pro-
   vince de Stavanger.
Bratsberg, province du sud, partie du Télemarken.
Breiden, localité dans le Gudbrandsdalen.

Dimum, localité des îles Féroé.
Dwina, fleuve de la Russie, se jette dans la mer
   Blanche.

Eidsvold, localité du Romerike, au sud du lac Miösen.

Féroé, groupe d'îles au nord de l'Ecosse.
Finland, à l'est du golfe de Bothnie.
Finmark, province au nord de la Norvège.

Gardarike, royaume russe de Novgorod.
Gautland, Götaland, Götland, ancien royaume du sud
   de la Suède.
Giske, île près d'Aalesund.

Göta, fleuve de la Suède, se jette dans le Cattégat.
Grenland, ancienne province embrassant une partie
   du Télémark et du Bratsberg.
Gudbrandsdal, province au nord de Hamar.
Guldalen, province au sud de Trondhjem.

Haalogaland, Helgeland, province au nord de la Nor-
   vège.
Hadeland, province du centre au nord de Ringerike.
Hedemarken, province du sud (Hamar).
Helgeaa, fleuve de la Suède, se jetant dans la mer
   Baltique.
Helsingeland, ancienne province suédoise sur les
   bords du golfe de Bothnie.
Herö, groupe d'îles au nord de Stad ou Statland.
Hordaland, ancienne province au sud de Bergen.
Hundorp, localité dans le Gudbrandsdalen, résidence
   de Gudbrand.

Jäderen, immense plaine entre Egersund et Stavanger.
Jämtland, province suédoise au sud de la Laponie.

Kalmar, ville et contrée dans le sud de la Suède.
Karmö, île au sud-ouest de Haugesund.
Kjölen, chaîne de montagnes entre la Norvège et la
   Suède.
Konghelle, aujourd'hui Kungälv, ville de Bohuslän,
   faisait autrefois partie de la Norvège.
Kurland (Courlande), province de la Russie au sud
   du golfe de Riga.
Kvistad, localité au sud de Stenkjär.

Laagen, aujourd'hui Mäleren, baigne Stockholm.
Langö, île près de Bodö.

Lenvik, localité dans le nord, non loin de Tromsö.
Lesjar, localité dans le Romsdal.
Limfjord, bras de mer dans le Danemark.
Lindesnes, cap du sud de la Norvège.

Magerö, île du cap du Nord.
Malangenfjord, bras de mer près de Tromsö.
Manger, contrée dans le Hordaland, au sud de Bergen.
Mäleren, lac, baigne Stockholm, en Suède.
Mären, contrée près de Trondhjem.
Miösen, lac près de Hamar.

Närike, Närke, Nerike, contrée de la Suède (Örebro).
Nidarholmen, petite île en face de Trondhjem.
Nidaros, autre nom de Trondhjem.
Nordhordland, partie nord du Hordaland.

Oplande, nom commun des provinces au nord d'Oslo
  et autour de Miösen.
Orcades, groupe d'îles au nord de l'Ecosse.
Orkedalen, province au sud-ouest de Trondhjem.
Öresund, détroit entre la Suède et le Danemark.

Ringanes, Ringnes, localité près de Hamar.
Ringerike, province au nord-ouest d'Oslo.
Romerike, province au nord d'Oslo.
Romsdal, province au sud-ouest de Trondhjem.

Sandvär, groupe d'îles au nord-ouest de Tromsö,
  station de pêche.
Sarpsborg, ville au nord-est de Fredrikstad.
Sauesund, détroit entre la péninsule Askvold et l'île
  Atleö au nord de Sognefjord.
Sel, localité dans le Gudbrandsdalen.

Selje, Säla, Selja, Selö, île près de la presqu'île Stat-
   land.
Shetland (aussi Hjaltland), groupe d'îles au nord de
   l'Ecosse.
Skaane, province du sud de la Suède.
Smaalene, province du sud de la Norvège.
Sogn, province au sud de Bergen.
Sognefjord, bras de mer traversant le Sogn.
Sole, localité au sud de Stavanger.
Stad, cap de la péninsule Statland.
Stenkjär, ville au nord de Trondhjem.
Stiklestad, localité dans le Verdalen, au nord de
   Trondhjem, lieu du martyre de saint Olaf.
Stjördalen, contrée à l'est de Trondhjem.
Stav, localité dans le Verdalen.
Storfjord, bras de mer au sud-est d'Aalesund.

Télémarken, province du sud de la Norvège.
Tiundaland, province suédoise ressortant à l'arche-
   vêché d'Upsal.
Tjötö, Tjota, île du Helgeland.
Toten, localité au sud-ouest de Hamar.
Tönsberg, Tunsberg, Tynsberg, ville au sud sur le
   bras de mer du même nom.
Tromsö, ville septentrionale, dans la province du
   même nom.
Trondenes, localité de la province de Tromsö.
Trondhjem, ville sur le fjord du même nom.

Ulleraker, propriété royale près d'Upsal.
Upsal, ville de Suède, ancienne résidence des rois.

Valders, Valdres, vallée du centre entre le Sognefjord et Miösen.

Valldal, Valdalen, vallée sur le Storfjord, dans le
   Romsdalen.
Verdalen, localité à l'est de Trondhjem.
Vermeland, province de la Suède.
Viken, province embrassant les terres des deux côtés
   de l'Oslofjord.
Voss, contrée du Hordaland à l'est de Bergen.

Quelques gloses

Adelstensfostre, c'est-à-dire élevé par Adelsten.
Haarfagre, c'est-à-dire homme aux beaux cheveux.
Husting, c'est-à-dire conseil de famille.
Jarl, c'est-à-dire puissant seigneur, espèce de roi.
Lagmand, c'est-à-dire homme de loi, magistrat.
Paysan, synonyme de grand seigneur, manant, riche
   propriétaire.

Quelques particularités de prononciation

Aa équivaut à *au* et *ô* dans le mot *aussitôt*. *Haakon*,
   prononcez *Haukone*.
Ä équivaut à *ais* dans le mot *fais*. *Mären*, prononcez
   Mairene.
E dans le corps du mot équivaut tantôt à *é*, tantôt
   à *è*, tantôt à *e muet*.
E à la fin des mots est prononcé comme l'*e muet*,
   très court.
G se prononce toujours comme *g* dans le mot *muguet*.
H est toujours *fortement aspiré* comme en allemand,
   mais reste *muet* devant les consonnes et devant j.
   Hjalte, prononcez *Ialte*.

J se prononce comme un *i court* dans **ici.**

O se prononce comme *eux* dans *heureux.* **Björn,** prononcez **Bieurne.**

U se prononce comme *ou* dans *tout.*

Y se prononce comme *u* dans *vue.*

On ne connaît pas le son nasal en norvégien. *Am,*
an; em, en; im, in; om, on; um, un, se prononcent
donc toujours comme si *m* et *n* étaient suivis d'*une*
voyelle.

Il n'y a *pas de diphtongues* en norvégien, il faut
donc toujours prononcer les voyelles qui se suivent
distinctement. **Breiden,** prononcez *Bré-ïdene.*

TABLE

TABLE DES MATIÈRES

www.ingramcontent.com/pod-product-compliance
Ingram Content Group UK Ltd.
Pitfield, Milton Keynes, MK11 3LW, UK
UKHW021643170726
13836UKWH00005B/2355